Arno Gruen:

Der frühe Abschied

Eine Deutung des Plötzlichen Kindstodes

Vorwort von Ashley Montagu

Deutscher
Taschenbuch
Verlag

dtv

Aus dem Amerikanischen von Gabriele Kuby,
bearbeitet von Hans Krieger.

Von Arno Gruen
sind im Deutschen Taschenbuch Verlag erschienen:
Der Verrat am Selbst (35000)
Der Wahnsinn der Normalität (35002)
Falsche Götter (35059)

Durchgesehene und erweiterte Ausgabe
August 1993
Deutscher Taschenbuch Verlag GmbH & Co. KG, München

ISBN 3-466-34215-5
Umschlaggestaltung: Boris Sokolow
Gesamtherstellung: C. H. Beck'sche Buchdruckerei, Nördlingen
Printed in Germany · ISBN 3-423-35066-0

Das Buch

Es gibt kaum ein traurigeres und schwierigeres Thema als das des sogenannten »Plötzlichen Kindstodes«, wenn ein Baby plötzlich tot im Bettchen liegt – ohne daß es erkennbar krank war. Die Medizin hat die Ursachen bis heute nicht enträtseln können. Der Psychoanalytiker Arno Gruen, bekannt geworden durch die Bücher ›Der Verrat am Selbst‹ und ›Der Wahnsinn der Normalität‹, hat einen neuen Ansatz zur Erkundung dieses Phänomens gewagt und durch eine empirische Untersuchung untermauert. Ihm geht es darum zu zeigen, daß das tragische Eingebundensein in die sozialen Lebensbedingungen ein wesentlicher Faktor beim Plötzlichen Kindstod ist. Gerhard Amendt schrieb, daß dieses Buch »eine der beeindruckendsten Studien« ist, auf die er in seinen Forschungen über die Eltern-Kind-Beziehung gestoßen ist: »Methodisch betrachtet, ist sie ein glänzendes Beispiel dafür, wie organmedizinische Forschungsergebnisse in Verbindung mit psychoanalytischen Erkenntnisweisen über die unbewußte Psychodynamik des Menschen überhaupt erst eine sinnvolle Anwendungsperspektive eröffnen.«

Der Autor

Arno Gruen, am 26. Mai 1923 in Berlin geboren, emigrierte 1936 in die USA, wo er 1961 als Psychoanalytiker bei Theodor Reik promovierte. Tätigkeiten an verschiedenen Universitäten und Kliniken, zuletzt Professor an der Rutgers Universität, New Jersey. Daneben seit 1958 psychotherapeutische Privatpraxis. Zahlreiche Publikationen in Fachzeitschriften und Zeitungen. 1984 erschien ›Der Verrat am Selbst‹, 1987 ›Der Wahnsinn der Normalität‹ und 1991 ›Falsche Götter‹. Arno Gruen lebt seit 1979 in der Schweiz.

Inhalt

Vorwort
von Ashley Montagu

Erst 1963 wurde das Syndrom des Plötzlichen Kindstodes (englisch: »Sudden Infant Death Syndrome« = SIDS) als medizinischer Tatbestand erkannt und folgendermaßen definiert: »Der plötzliche Tod eines Säuglings oder kleinen Kindes, der von der Krankengeschichte her nicht zu erwarten ist und dessen Ursache durch die Obduktion nicht geklärt werden konnte.« In der Einschätzung der Häufigkeit solcher Todesfälle gibt es von Land zu Land und von Kultur zu Kultur beträchtliche Unterschiede, die sich als sehr aufschlußreich erweisen können. In den Vereinigten Staaten, wo ich dieses Vorwort schreibe, stirbt etwa einer von 500 lebend geborenen Säuglingen am Plötzlichen Kindstod. Das bedeutet über 10000 Todesfälle im Jahr – eine hohe Sterblichkeitsquote und eine Tragödie für die betroffenen Familien.

Störungen der Atmung sind bei Säuglingen recht häufig: Die Brust scheint sich zwar zu bewegen, aber es strömt keine Luft durch die Nase, oder es kommt zu Unterbrechungen des Atmens (Apnoe). Apnoe tritt bei über 50 Prozent aller Frühgeburten auf und bei über 90 Prozent aller Babys, die in der 28. oder 29. Schwangerschaftswoche geboren werden. Die gefährdeten Säuglinge werden zwar mit Monitorgeräten entlassen, die Eltern erhalten aber sehr oft keine genauen Anleitungen, wie diese Geräte zu handhaben und zu überwachen sind und ab wann sie nicht mehr eingesetzt werden sollten.

Der Plötzliche Kindstod ist keine Krankheit im strengen Sinne, mit lokalisierbarer Ursache und typischem Verlauf. Was aber ist er dann? Diejenigen, die das Problem eingehender untersucht haben, neigen zunehmend der Auffassung zu, daß es sich um eine »funktionale Disharmonie« handelt, die sich nicht auf eine einzige Ursache zurückführen läßt, sondern durch ein Zusammenwirken vielfältiger Faktoren bedingt ist – von ungewöhnlichen Einzelfällen vielleicht abgesehen. Dies allein wäre noch nichts Besonderes. Mit wirklich monokausalen Phänomenen, die aus einer einzigen Ursache zu erklären sind, hat es die Wissenschaft nur selten zu tun. In der Regel geht sie davon aus, daß eine Vielzahl »notwendiger Bedingungen« erst in ihrer Gesamtheit die »hinreichende Bedingung« für eine spezifische Wirkung ergibt. Das Entscheidende könnte aber sein, daß die auslösenden Bedingungen für den Plötzlichen Kindstod mit medizinischen Kategorien allein nicht zu fassen sind.

Vieles deutet heute darauf hin, daß die Ursachenforschung deshalb so wenig Fortschritte gemacht hat, weil der Plötzliche Kindstod als rein medizinisches Phänomen behandelt wurde. Diese Einseitigkeit ist verständlich, denn als ein medizinisches hat sich das Problem zunächst gestellt. Der medizinische Ansatz war auch sehr wertvoll: Er hat zumindest geklärt, wodurch der Plötzliche Kindstod *nicht* verursacht wird. Viel Unterholz wurde so aus dem Weg geräumt. Darin liegt eine Chance für ein umfassenderes und tieferes Verständnis.

Gegenwärtig gibt es keine Möglichkeit, eine Gefährdung durch den Plötzlichen Kindstod zu prognostizieren und Risikofaktoren exakt zu benennen. Phasen von Apnoe, also Unterbrechungen des Atmens, treten bei vielen Säuglingen auf, ohne daß dies ernstere Konsequenzen hat. Manche Babys scheinen nach der Geburt einige Minuten lang nicht zu atmen. Bei solchen Neugeborenen wird die Atmung gewöhnlich durch kräftige Massage, ein heiß/kaltes Wechselbad, einen kräftigen Klaps auf den Po oder mit anderen Mitteln angeregt, denen allen gemeinsam ist, daß das Kind ein gewisses Maß taktiler Stimulation erfährt.

Dies war ein Hinweis, dem man hätte nachgehen sollen. In der zweiten Ausgabe meines Buches ›Körperkontakt‹ hatte ich die lebenswichtige Bedeutung der taktilen Stimulation auch im Hinblick auf den Plötzlichen Kindstod angesprochen; das Problem scheint jedoch nicht das Interesse der Forscher gefunden zu haben.

Glücklicherweise aber hat Arno Gruen, als der gute Wissenschaftler, der er ist, ganz unabhängig von meinen Beobachtungen eine Untersuchung der Eltern von Kindern unternommen, die am Plötzlichen Kindstod gestorben sind. Gruens Forschungsergebnisse sind eindrucksvoll und wichtig und sprechen für sich selbst; sie müssen jetzt, wie es in der Welt der Wissenschaft üblich ist, von unabhängigen Forschern bestätigt werden, die seinen Fingerzeig aufgreifen. Ich erwarte, daß weitere Untersuchungen seine Ergebnisse und Schlußfolgerungen erhärten werden.

Auffallend finde ich aber schon jetzt an den Ergebnissen von

Arno Gruen, wie genau sie dem bereits gesicherten Wissen Rechnung tragen. So steht zum Beispiel fest, daß das Atmungssystem des Fötus höchst empfindlich ist. Wenn die Mutter eine einzige Zigarette raucht, kann es sein, daß der Fötus fünf Minuten lang aufhört zu atmen. Eine Schwankung im Blutzuckergehalt nach oben oder unten kann ebenfalls die Atmungsbewegungen im Fötus unterbrechen. Der Fötus atmet, indem er Sauerstoff durch die Plazenta und seine Leber aufnimmt. Bei der Geburt muß sich der Säugling an eine neue Form des Atmens anpassen, die sich von der Atmung im Uterus stark unterscheidet. Hier, wie bei den meisten anderen Funktionen, weisen menschliche Säuglinge starke Unterschiede auf.

Der Säugling erfährt während der Wehen und der Geburt eine intensive Stimulation der Haut, und es ist inzwischen erwiesen, daß er nach der Geburt weiterhin sehr viel taktiler Stimulation bedarf, da Menschen im Vergleich mit den meisten Säugetieren in einem noch sehr unreifen Zustand geboren werden. Normalerweise sind Mütter in der Lage, diese Stimulation reichlich zu gewähren, indem sie den Säugling streicheln, liebkosen, stillen und dergleichen mehr. Die Befriedigung dieser Grundbedürfnisse fördert den Säugling in seiner Entwicklung und tut auch der Mutter gut.

Bei der Geburt atmet der Säugling noch pränatal; den Bedingungen der atmosphärischen Umwelt muß er sich erst anpassen. Dazu braucht er die Unterstützung der Mutter. Alles weist darauf hin, daß der Säugling in vielen Fällen nicht lernt, richtig zu atmen, und ein flacher Atmer bleibt, wenn die Mutter in dieser Aufgabe versagt. Ich habe die Meinung vertreten, daß in manchen Fällen dieses flache Atmen ein Faktor ist, der Phasen von Apnoe verursacht, die zum Tode führen können, wenn sie nicht rechtzeitig erkannt werden. Die Ergebnisse von Arno Gruen wie auch von anderen Forschern stützen diese Theorie. Es ist zu hoffen, daß diese Erkenntnisse das Verhalten verändern. Eine bessere Befriedigung der Bedürfnisse von Säuglingen kann dann dazu beitragen, die Häufigkeit des Plötzlichen Kindstodes zu mindern, ja, vielleicht ihn ganz zu überwinden. Ich glaube, daß Arno Gruens Arbeit hierzu einen wesentlichen Beitrag leistet.

Über Wissenschaft, Schuld und Verantwortung
Vorwort zur Taschenbuchausgabe

Dieses Buch ist ein Beitrag zu einer umfassenden Psychosomatik. Anhand des zur Verzweiflung treibenden Phänomens des Plötzlichen Kindstodes versuche ich zu zeigen, daß seelische Vorgänge und somatische Strukturen nicht voneinander getrennt werden können. Hierin folge ich Victor von Weizsäckers Denken über den Zusammenhang von Geist und Körper. Aus diesen Gründen muß im voraus betont werden, daß dieses Buch nicht in erster Linie für Betroffene geschrieben wurde. Es ist vielmehr ein Beitrag zum ganzheitlichen wissenschaftlichen Denken.

Wir bestehen nicht einfach aus organischen Strukturen, die unser Verhalten steuern. Strukturen und Funktionen bedingen einander wechselseitig. Umfeld und Erleben eines Organismus können nicht von seinen sich formenden Strukturen getrennt werden und umgekehrt. Strukturen üben ihren Einfluß auf Umfeld und Erleben aus. Sie sind *Prozesse.* Nur im Moment einer Beobachtung, um den zeitlichen Ablauf der Ereignisse festzuhalten, können wir Struktur, Funktion und deren Eingebettetsein in einem Umfeld voneinander trennen. Diese Trennung wird leider oft als absolut wahrgenommen und konzeptuell so verarbeitet. Dadurch entsteht aber etwas Falsches, ein künstliches Konzept, das als etwas Wirkliches, als eine der Natur der Dinge entsprechende »Struktur« behandelt wird. Die moderne Physik weiß von diesem Vorgang. Leider wissen es aber nicht oder nur selten die Wissenschaften, die sich mit lebendigen Wesen beschäftigen. Daß aber nur ein prozeßorientiertes Denken Struktur und Funktion in ihrer Untrennbarkeit erfassen kann, wurde schon in den dreißiger Jahren von Z. Y. Kuo durch eine Reihe von Forschungen belegt. Er zeigte, daß das, was dazu führt, daß ein Hühnchen aus einem Ei brechen kann und danach sofort zu picken anfängt, nicht durch »organische« – oder instinktive – Strukturen bedingt ist, sondern durch das zeitliche Ineinandergreifen sich bildender Organe (wie das Herz und die sich aufbauende Lernfähigkeit des Nervensystems) und den Aufbau von Reaktionen auf ein sich wandelndes Umfeld und die pränatalen Erlebnisse.

Der Mensch ist ein Ganzes, geprägt bis in sein Stoffwechselgeschehen hinein von seiner individuellen Vergangenheit und ihrer Auswirkung auf seine Gegenwart, die ihrerseits fortlaufend Vergangenheit wird. Diese Dynamik wiederum ist eingebettet in gesellschaftliche Formen, die dieser Ganzheit entsprechen oder auch widersprechen. Dies ist das eigentliche Thema dieser Studie: *wie Kultur dem Leben entgegenwirken kann.*

Nehmen wir als Beispiel den Schlaf der Kinder in unseren industriellen Gesellschaften. Dieser ist durch relativ lange und ununterbrochene Schlafperioden gekennzeichnet. Da dies ein allgemeines Phänomen zu sein scheint, wird dieser Tatbestand als artspezifisch eingeordnet. Tatsächlich aber hat die Umwelt des Neugeborenen in den letzten vier Millionen Jahren unserer Entwicklungsgeschichte ein ganz anderes Schlafmuster erzeugt, nämlich eines, das von kurzen Schlafperioden und häufigerem Aufwachen gekennzeichnet ist. Das heute übliche solitäre – das heißt, das Kind schläft alleine –, verlängerte und die Nacht durchgehende Schlafmuster im ersten Lebensjahr unserer Kinder ist ein sehr junges, gesellschaftlich induziertes Verhaltensmuster, das sehr verschieden ist von dem Entwicklungssetting, innerhalb dessen Menschensäuglinge ihre Atmung, ihr Erwachen und ihre Schlafsysteme entwickelt haben. Ein Schlafmuster von kurzen Schlafperioden und häufigerem Erwachen ist nämlich die Basis, auf der sich eine kräftige Atmung und eine erhöhte Aufwachbereitschaft entwickeln. Und mit einer solchen Entwicklung reduziert sich der Plötzliche Kindstod (McKenna 1990; Die Zeit 1992).

Hier haben wir es mit psychosomatischen Zusammenhängen zu tun, nämlich mit der Wechselwirkung zwischen den sich entwikkelnden Nervenstrukturen, welche die Atmung innervieren, und deren funktioneller Beziehung zum Umfeld des Kindes, das von den Eltern vermittelt wird. Und dieses Umfeld steht in Abhängigkeit davon, wie die Eltern sich den gesellschaftlichen Zwängen angepaßt haben, die unser Verhalten zum Schlaf des Säuglings bestimmen (vgl. Lorenzer 1977).

Der Plötzliche Kindstod hat sicherlich viele Ursachen. Allen gemeinsam ist das Fehlen organischer Erkrankungen als hinreichender Todesursache. Allein schon aus diesem Grund liegt wohl seine Erklärung im Bereich funktionaler Störungen. Meine Studie dreht sich um *eine* mögliche Ursache, die in der Psychosomatik der Atmung und der Aufwachschwelle liegt.

Diese Arbeit plädiert auch für ein ganzheitliches Denken. Ganzheitliches Denken ist verantwortliches Denken. Indem ein Mensch sich selber als Teil der Ganzheit erlebt, erkennt er damit nicht nur seine eigene Teilnahme am Ganzen, sondern auch die Gemeinsamkeiten mit allen anderen Wesen. Und indem man das eigene Ringen, oder Nicht-Ringen, mit den Zwängen einer Kultur/Gesellschaft erkennt, in deren Umfeld man wirkt, übernimmt man die Verantwortung für den eigenen Körper und das eigene Sein. Dadurch hat man auch die Möglichkeit, das eigene Schicksal in den Griff zu bekommen.

Diese Art von Denken wird oft abgelehnt, denn in Gesellschaften, in denen Schuld als Mittel gebraucht wird, den Sozialisierungsprozeß durchzusetzen, ist es schwierig, sich mit sich selber zu konfrontieren. Persönliche Verantwortung kann nicht aktualisiert werden, wenn Verantwortung mit Schuldigsein gleichgesetzt wird, indem wir Pflicht mit Verantwortung verwechseln. Pflicht hat mit Gehorsam zu tun. Und das Treibmittel des Gehorsams ist eben das Schuldgefühl. So sehen wir uns gerne als Menschen, die aus Pflicht handeln, und halten uns deswegen für verantwortlich. Aber verantwortlich sein bedeutet, das eigene Tun im eigenen Werdegang zu erkennen. Das aber ist schwierig, weil es bedeuten würde, eigene Schuld wahrzunehmen. In Wirklichkeit führt verantwortliches Denken zur Möglichkeit, eigenes Verhalten zu ändern, weil man erkennt, wie man aus Gehorsam mitgemacht hat. Da wir uns aber nur als Pflichtbewußte erkennen, können wir unsere Beteiligung am Aufrechterhalten der gängigen Normen nicht sehen. Wir wollen nicht schuldig sein und werden wütend, wenn wir auf Verantwortung hingewiesen werden. Dieser Kampf gegen die Schuld, der ja im Grunde berechtigt ist, mißlingt, weil Verantwortung und Pflicht nicht differenziert werden. Dadurch verewigt sich die Schuld, und keine Befreiung von ihr kommt zustande.

Auf ideologischer Ebene wird der Mensch als historisches Wesen gesehen, das von seinem Umfeld geformt wird. Kriminalität, in dieser soziologischen Sicht, ist ein Resultat ökonomischer und politischer Ungerechtigkeiten. Das stimmt, befreit aber den Menschen nicht vom Bösesein. Solange die Erziehung zum Menschlichen weiterhin auf Gehorsam und Schuldzuweisung basiert, wird sich auch nichts ändern. Verantwortungsgefühl hat eine ganz andere Basis, nämlich die Anerkennung dessen, was wir unserem eigenen Menschsein antun.

Solange Menschen nicht von Schuld als Sozialisierungsmittel befreit werden, werden sie es schwer haben, den Weg zur eigenen Verantwortung zu finden. Deswegen bleibt auch eine Gesamtsicht außer Reichweite, da diese ja das eigene Wirken miteinbezieht. Deswegen spielen wir Rollen in der Erwartung, Anerkennung zu finden. Zu diesen gehört auch die Rolle des Verantwortlichen. Man glaubt dann, verantwortungsvoll zu sein, ist es aber nicht. Dies hat direkten Bezug zu dem, was als Wissenschaft und wissenschaftliches Vorgehen gilt.

Menschen, die von lauernden Schuldgefühlen umgeben sind, diese aber vermeiden möchten, sind gerade jene, die die Wissenschaften auf Methodiken beschränken, welche moralisches Verhalten und unser existentielles Bewußtsein ausschalten. So kommt es dazu, daß viele, die im wissenschaftlichen Bereich arbeiten, die Wissenschaft als jenseits jeglicher moralischer Werte einstufen. Sie wird als moralisch neutral gesehen. Damit, ohne daß es ihnen bewußt würde, entledigen sie sich aller Verantwortung und ziehen die männliche Ideologie des Herrschens zur Untermauerung der Wissenschaft heran. Das Machbare und die Zerstückelung unserer Gesamtsicht wird so zum Ziel, auch in den Wissenschaften.

Diese Betrachtung benötigt eine kurze Abschweifung: Jeder Mensch hat Hilflosigkeit oder Verzweiflung erlebt. Die Hilflosigkeit unserer Kindheit ist wohl das prägendste Erlebnis jedes Menschen, weit mehr als bei anderen Lebewesen. Nur geben wir dies in Gesellschaften, die von der männlichen Ideologie der Stärke bestimmt sind, nicht zu. In diesen lernen wir ganz früh eines: Man darf nicht hilflos sein, und parallel dazu, man darf nicht verletzlich sein.

Wenn aber niemand verletzlich sein darf, obwohl jeder Hilflosigkeit, Leid und Schmerz am eigenen Leib erfahren hat, es jedoch als Schwäche abtut, so etwas erlebt zu haben, dann kann das Selbsterleben nie ehrlich sein und echte Verantwortung für unser Tun nicht existieren. In den Wissenschaften hat das dazu geführt, daß Wahrnehmungen, indem sie das zu beobachtende Objekt nicht in seiner vollen Eigenart wahrnehmen, zu einem Akt der aggressiven Gewalttätigkeit werden. Jene Aspekte des Lebens, die mit Leid, Hilflosigkeit und Verzweiflung zu tun haben, werden vom Beobachter als unbrauchbar von seiner Beobachtung ausgeschlossen. Evelyn Fox Keller, amerikanische Physikerin und Biologin, hat dargestellt, wie das abgespaltene Denken des Mannes in den Wissenschaften dazu geführt hat, daß Unterschiede in beobachteten Verhaltensweisen und Funktionen gar nicht wahrgenommen werden können: Sie werden von unseren herkömmlichen Methoden erst gar nicht erfaßt. Sie werden, wie es die vor kurzem verstorbene Nobelpreisträgerin, die Biologin Barbara McClintock, formuliert hat, als »Abweichungen und Verunreinigungen« abgetan (Keller 1983, 1986).

Die gegenwärtige Studie zielt auf eine Wissenschaftlichkeit mit einem erweiterten Bewußtsein, eine, in der Erkenntnis und Verantwortung gleichbedeutend sind. Die männliche Sicht, die dem Gehorsamszwang entspringt, lehnt Verantwortung ab, weil sie Schuld einflößt. Aber ohne Verantwortung bleibt sie, gewollt oder nicht, dem Destruktiven verhaftet.

Seit dem ersten Erscheinen dieses Buches 1988 haben mir viele betroffene Eltern geschrieben, wie sehr es ihnen geholfen habe, mit sich selber zurechtzukommen. Natürlich gibt es auch Betroffene wie auch nicht Betroffene, die auf dieses Buch mit Abwehr reagieren. Sie fühlen sich beschuldigt, oft sogar, ohne es selber gelesen zu haben.

Es geht aber nicht um diese Art Schuld. Das Buch spricht vor allem eine Gesellschaft schuldig, welche die Menschen von ihren Gefühlen abtrennt. Ich muß aber, angesichts der evidenten Bereitschaft sich schuldig zu fühlen, von der *Abwehr* gegenüber Schuldgefühlen sprechen. Diese Abwehr – Schuldgefühle nicht zustande kommen zu lassen – ist ein Dauerzustand in unserer Gesellschaft. Dieser entsteht, weil uns von Kindheit an Schuldgefühle gemacht werden, um uns gefügig zu machen. Es geht hier deswegen nicht wirklich um die Wahrnehmung und Anerkennung realer Schuld, sondern darum, daß in unserer Entwicklung Schuldgefühle in uns mobilisiert werden, mit dem Zweck, uns durch Selbstwerterniedrigung zu manipulieren. Das macht es für Kinder und Erwachsene unmöglich, tatsächliche Schuld zu tolerieren. Schuld wird abgelehnt, weil sie uns in unserem Kern zu vernichten droht. Das führt dazu, uns nicht wirklicher Schuld stellen zu können, um sie zu überwinden.

Diese Abwehr von Schuld bewirkt, daß ganze Bevölkerungsgruppen dauernd auf der Suche nach anderen Schuldigen sind, auf die sie die Last des eigenen, auferlegten Schuldgefühls, mitsamt der daraus emporsteigenden Aggression, abwälzen können. Das ist der eigentliche Vorgang hinter der Notwendigkeit in unseren, dem Gehorsam ergebenen Gesellschaften, Feinde zu finden. Dies ist die etablierte Art, sich von der immer lauernden Schuld zu befreien. Leider kann dadurch auch bei betroffenen Eltern keine wahre Trauerarbeit zustande kommen. Erst wenn der Jagd nach Schuldzuweisung, die aus der Ablehnung von verinnerlichten Schuldgefühlen aus der eigenen Kindheit stammten, ein Ende gemacht werden kann; wenn die eigene Verantwortung in dem Teufelskreis der gesellschaftlichen Zwänge, die einen zum Mitmachen führten, gesehen werden, dann wird es diesen Eltern möglich sein, dem schrecklichen Verlust ihres Kindes nachzutrauern und ihn zu verarbeiten.

Ich möchte an dieser Stelle Professor Dr. Gerd Biermann danken für seine Unterstützung meiner Arbeit in seinem 1992 erschienenen ›Handbuch der Kinderpsychotherapie‹. Die Gespräche mit Monika Nienstedt und Arnim Westermann über das Problem »Schuld« waren ein wichtiger Aspekt meiner Formulierung. Ihnen gilt mein Dank für ihre Hilfsbereitschaft, dieses Vorwort und das Nachwort verständlicher zu gestalten.

Arno Gruen, Winter 1992/93

Vorbemerkung

Die vorliegende Untersuchung von Eltern, deren Kinder am Plötzlichen Kindstod gestorben sind oder beinahe daran gestorben wären, beruht auf ihren Erinnerungen an diese tragischen Erfahrungen. Man mag natürlich einwenden, diese Erinnerungen seien von dem Bedürfnis gefärbt, die Ereignisse in ein günstiges Licht zu rücken. Ein solcher Einwand enthält jedoch eine unzulässige Verallgemeinerung und verkennt wesentliche Aspekte des Problems: Erstens: Die Erinnerungen der Eltern konstituieren selber spezifische Ereignisse. Zweitens: Sie sind Ausdruck des gesamten Lebensmusters der betroffenen Menschen. Diese innere Gültigkeit kann allerdings nur erkannt werden, wenn man die Berichte vollständig und als Ganzes liest. Erst dann nämlich wird deutlich, wie genau die Erinnerungen in das seelische Gesamtmuster passen, von dem die Erlebniswelt dieser Familien geprägt ist. Und eben daraus ergibt sich ihre Aussagekraft.

Zudem müßte einer absichtlichen Verfälschung der Erinnerungen ein Wunschdenken zugrunde liegen. Erinnerungen an Träume und Gefühle, die um das Sterben und den Tod kreisen, können jedoch schwerlich mit Wunschdenken erklärt werden, weil gerade solche Wünsche verleugnet werden würden. Ich glaube daher nicht, daß die hier vorgelegten Elternaussagen einer Vermeidungs- oder Verdrängungsstrategie entspringen. Ganz im Gegenteil: Diese Eltern wollten Klarheit gewinnen über ihre Gefühle, die so auffallend dem Thema Tod verhaftet waren. Wo sie diesen Erfahrungen dennoch auszuweichen versuchen – wie in den Interviews wiederholt deutlich wird –, geben die zu Tage tretenden Widersprüche einen Hinweis auf zugrundeliegende unbewußte Einstellungen. Diese sind ein wesentlicher Aspekt des Problems und der Hintergrund des Datenmaterials; ihren Ursprung aufzuhellen ist das Anliegen dieser Studie.

Das Fehlen von Kontrollgruppen bleibt ein Problem. Es war nicht möglich, vergleichbare Gruppen von Kindern zu finden, deren Tod andere Ursachen hatte als jene, die als Plötzlicher Kindstod definiert werden. Wir suchten zum Beispiel nach Kindern, die an Lungenentzündung gestorben waren. Glücklicherweise ist die

Medizin so weit fortgeschritten, daß es in dieser diagnostischen Kategorie in den Kliniken, mit denen ich arbeitete, keine Todesfälle gab. Aber wir verfügen dennoch über eine gewisse Kontrolle, nämlich unsere klinische Erfahrung in der Psychotherapie. Natürlich begegnen wir auch bei unseren psychotherapeutischen Fällen verdrängter Aggression und der Beschäftigung mit dem Tod, allerdings nicht mit der gleichen Regelmäßigkeit wie in der vorliegenden Untersuchung.

Eine andere Vergleichsmöglichkeit, auf die wir im Text zurückkommen, bietet eine große Elterngruppe, die 20 Jahre lang begleitend untersucht wurde. In diesem großen Sample mit ähnlichem sozioökonomischen Hintergrund lehnten 16 Prozent der Eltern ihre Kinder unbewußt ab; im vorliegenden Sample waren es an die 100 Prozent.

Es kommt hinzu, daß die hier vorgelegten Ergebnisse in sich schlüssig sind. Sie erlauben es, eine Brücke zwischen funktionalen und strukturellen Faktoren zu schlagen. Das hat zwar an sich noch keine volle Beweiskraft, kann aber die Richtung für weitere Arbeiten weisen. Meine Untersuchung zeigt Wege auf, eine Verbindung herzustellen zwischen den emotionalen Prozessen, wie sie aus den Erinnerungen der Eltern erschlossen werden können, und der komplizierten Entwicklung der Atmung im Kontext der Mutter-Kind-Bindung.

Kein Organismus existiert unabhängig von seiner Entwicklungsgeschichte. Selbst bei einem Insekt kann eine unerfüllte Erwartung, die ihrerseits eine Funktion interaktiver Erfahrung ist, zu Lähmung und Tod führen; von Holst und Mittelstaedt haben das nachgewiesen.

Ich möchte einen weiteren Einwand gegen meine Ergebnisse vorwegnehmen, daß sie nämlich durch meinen unbewußten Einfluß zustande gekommen sein könnten. Ich kann dazu nur sagen, daß mein ursprüngliches Ziel bei diesen Interviews ein ganz anderes war, wie aus dem Text selbst hervorgeht. Die Schlußfolgerungen entsprachen nicht dem, was ich suchte und erwartete, sondern ergaben sich aus dem, was ich fand.

Ich möchte hiermit Herrn Professor Dr. Otmar Tönz, Chefarzt am Kinderkrankenhaus Luzern, meinen besonderen Dank aussprechen. Ohne sein Verständnis und seine großzügige Hilfe hätte diese Untersuchung nicht durchgeführt werden können. Ich möchte auch Herrn Professor Dr. Dr. Theodor Hellbrügge vom Kinderzentrum der Universität München dafür danken, daß er mir die Gelegenheit gab, einige Aspekte dieser Studie in der Zeitschrift ›Sozialpädiatrie‹ (1985) zu veröffentlichen, Herrn Professor Dr. Sepp Schindler von der Universität Salzburg, daß ich meine Ergebnisse an seinem Institut für Prä- und Perinatale Psychologie im November 1986 darstellen durfte, und Dr. Tom Verny für eine amerikanische Veröffentlichung in ›Pre- and Peri-Natal Psychology‹ (1987). Andere haben mir durch Ermutigungen während der verschiedenen Stadien der Arbeit geholfen. Besonders genannt seien hier Dr. George Victor und Dr. Martha Welch.

Ich danke Hans Krieger für seine redaktionelle Mitarbeit an diesem Buch. Seine Vorschläge zur Textgestaltung haben mir sehr geholfen, meine Gedankengänge präziser zu fassen und in einer Sprache zu formulieren, die – wie ich hoffe – dem Leser einen mitfühlenden Zugang zu einem verschwiegenen Aspekt der Tragik unseres Menschseins eröffnen kann.

Der Leser wird selbst beurteilen, ob ich meinem Ziel nahe gekommen bin, einen menschlichen Beitrag zur Lösung des furchtbaren Rätsels vom Plötzlichen Kindstod zu leisten. Mein eigentliches Ziel ist es, zum Denken anzuregen und jene Sichtweise zu fördern, die die Ganzheitlichkeit der menschlichen Erfahrung nicht aus dem Blick verliert.

Gefühle, die ins Unbewußte verdrängt wurden, suchen nach Ausdruck und Anerkennung. Da sie zu den bewußten Einstellungen und Lebenszielen in Widerspruch stehen, müssen sie dazu die Bewußtseinskontrolle umgehen, sich also so ausdrücken, daß ihre eigentliche Bedeutung unerkannt bleibt. Die Lebenssituation, der wir alle unterworfen sind, verstärkt dieses permanente Suchen. Ungestillte Bedürfnisse aus der Kindheit drängen nach Befriedigung in verschleierter Form.

Eines unserer grundlegendsten Bedürfnisse ist das Bemuttertwerden. Wenn dieses Bedürfnis während der Kindheit ungestillt blieb, dann wird es beim späteren Erwachsenen reaktiviert, wenn er in einer Situation ist, die fürsorgliche Zuwendung und liebevolle Versorgung verspricht. Das ist vor allem in der Ehe der Fall.

Zugleich mit dem ungestillten Bedürfnis wird aber auch der Schmerz der Verletzungen reaktiviert, die mit dem frühen Versagungserlebnis verbunden waren, und damit auch Gefühle von Haß und Wut. Aber auch die aktuelle Situation ist mit Entbehrungen verbunden, weil ein Kindheitsbedürfnis nachträglich nie wirklich befriedigt werden kann, und löst darum Wut aus. Das Übermaß der ins Bewußtsein drängenden Aggressionen weckt starke Ängste, und diese Ängste verstärken die Gefühle kindlicher Ohnmacht, die ohnehin durch die Abhängigkeit genährt werden, in die vor allem die Frauen (aber auch Männer) in unserer Gesellschaft durch die Institution der Ehe gedrängt werden.

Der so entstehende Gefühlsstreß macht es für Frauen besonders schwierig, eine bewußte Lösung für ihre inneren Probleme zu finden. Denn auf ihnen – nicht auf den Männern – lastet die gesellschaftliche Forderung, eine mütterliche, bemutternde Rolle zu erfüllen. Dieser Rolle können sie sich nicht entziehen; sie können sie aber nur schwer erfüllen, wenn sie sich ihrer eigenen kindlichen Sehnsüchte, ihrer Ängste und vor allem ihrer Aggressionen bewußt werden. So werden sie immer mehr in die Unbewußtheit ihrer Lage gezwungen.

Die Männer leisten durch ihre eigene Unbewußtheit ihren zerstörerischen Beitrag zu dem sich anbahnenden Drama. Sie verschanzen sich hinter dem idealisierenden Selbstbild des liebevoll für Frau und Kinder sorgenden Ehemannes, wollen aber nicht wahrnehmen, daß diese Fürsorglichkeit auch kontrollierende Aspekte hat. Dies mindert erheblich die Chance der Frauen, sich ihres eigenen Grolls bewußt zu werden: Die Kontrolle des Mannes verstärkt zwar diesen Groll, aber die Tarnung der Kontrolle als Güte läßt ihn als unberechtigt erscheinen. So muß sich zunehmend unbewußte Feindseligkeit entwickeln, deren Last vor allem die Frau zu tragen hat, da die gesellschaftlichen Normen ihr, nicht aber dem Mann aggressives Verhalten verbieten.

Zu dieser Entwicklung kommt es, weil Frauen wie Männer noch immer einem Mythos verhaftet sind: dem trügerischen Idealbild des fürsorglichen Mannes, dessen Güte mit Unterwerfung bezahlt werden muß. Es handelt sich hier um eine mystifizierende Ideologie, der in unserer Kultur sowohl Männer wie Frauen verfallen sind: Fürsorglichkeit wird für Liebe ausgegeben, ihre kontrollierenden, besitzergreifenden, machtausübenden Aspekte werden geleugnet. Wo dies nicht durchschaut wird, ist unbewußte Feindseligkeit die unausweichliche Konsequenz.

Die eigentliche Ursache für das so entstehende Elend ist in der Abhängigkeit zu suchen, in die Männer und Frauen von Geburt an durch Eltern gebracht werden, die ihrerseits Macht ausüben müssen, um ein trügerisches Selbstwertgefühl zu gewinnen. Zwar werden diese unterirdischen Gefühlsströme dem Kind in erster Linie durch die Mutter vermittelt, weil sie ihm am nächsten ist, aber sie ist doch selber nur ein Werkzeug in einem Prozeß, der seinen Ausgangspunkt in dem noch weitgehend unbefragten Zerrbild des Mannes hat, das diesem das Recht zuspricht, Frauen zu beherrschen. Eingewebt in dieses Muster ist die Wahnvorstellung, Selbstwert beruhe auf der »Stärke«, zu dominieren, statt auf dem Gefühl der eigenen Lebendigkeit. Diese untergründige Ideologie, die unser gesamtes Leben durchzieht, ist die wahre Quelle des Desasters. Im folgenden soll aufgezeigt werden, wie vor diesem allgemeinen Hintergrund auch das schwer erklärbare Phänomen des Plötzlichen Kindstodes verständlicher werden kann.

Wir leben eingebettet in eine Welt von Reizen, die uns stimulieren und so das Leben nicht nur strukturieren, sondern aufrechterhalten. Ein Mensch, der von der ihn umgebenden Stimulus-Welt abgetrennt ist, dem alle sensorischen Reize wie Töne, wechselnde visuelle Formen, taktile und Geruchsstimulation entzogen werden, kann darum seelisch zusammenbrechen und eine Psychose entwickeln (Grunebaum 1960; Heron 1953; Lilli 1956). Dies ist ein sehr einfacher Hinweis auf den ganzheitlichen Charakter der komplizierten Wechselwirkungen zwischen Organismus und Umwelt, in denen das Leben sich abspielt.

Zu schwerwiegenden psychischen Entbehrungen kommt es in einer Welt, die zunehmend das Seelische, die Gefühle vom Gesamtgefüge des menschlichen Seins abspaltet (Gruen 1987[b]); es sollte nicht überraschen, daß dies auch Auswirkungen auf physiologische Funktionen wie Atmung und Herztätigkeit hat. Von Ausnahmen abgesehen (vor allem Stork 1986), besteht aber noch kaum Bereitschaft, daraus Folgerungen für das Verständnis des Plötzlichen Kindstodes zu ziehen, wie die einschlägige Literatur beweist. Dabei hat es sich als unmöglich erwiesen, diese in der industrialisierten Welt rasch zunehmenden Todesfälle rein organisch zu erklären.

Unverdrossen wird weiter nach einer Pathologie gesucht, die sich abgelöst vom gesellschaftlichen Gesamtgefüge verstehen läßt. Trotz neuer Einsichten, die eine ganzheitlichere Sicht nahelegen, wird immer noch versucht, die Wechselwirkung zwischen dem Lebendigsein eines Organismus und seiner Umwelt mit der herkömmlichen, vereinfachenden Reflexbogentheorie von Reiz und Reaktion zu erklären. Um über dieses mechanistische Schema hinauszugelangen, muß man gewillt sein zu erkennen, daß der Organismus die ihm eigene Lebendigkeit auf Bedürfnissen und Erwartungen aufbaut, deren Strukturen nicht vorprogrammiert sind, sondern sich im erlebenden Austausch mit der Umwelt herausbilden (Kuo 1932; Blechschmidt 1976). Die Befriedigung dieser Bedürfnisse und Erwartungen wird zum zentralen Kern jeglichen individuellen Lebens. Eine herausragende Rolle spielt dabei das Verlangen nach Wärme, nach zärtlicher Zuwendung, nach Geborgenheit, nach Freude an der sich entwickelnden eigenen Kraft, sich mit der Umwelt wirkungsvoll auszutauschen. Dieses Verlangen wird zur Grundquelle jeglichen Seins.

Das Ausbleiben eines erwarteten Reizes, der zur Stimulierung der Selbstorganisation des Organismus notwendig ist, kann darum eine schwerwiegende Irritation mit weitreichenden Folgen darstellen. Im Extremfall kann eine Situation eintreten, in der es um

Leben oder Tod geht. Wird die zentrale Bedeutung unbefriedigter Erwartungen, die manchmal lebensbedrohende Wucht seelischer Entbehrungen des Säuglings, übersehen, so bleibt das Entscheidende unerkannt. Das ist der Kern des Problems.

Die Nichtbefriedigung aufgebauter Erwartungen, die für die Entwicklung des Organismus zugleich aufbauende Bedeutung haben, führt beim Menschen wie bei Tieren zu einem Zustand extremer Hilflosigkeit. Daß das Ausbleiben eines *erwarteten* Reizes schon bei relativ einfach organisierten Tieren zu Paralyse und zum Tod führen kann, haben von Holst und Mittelstaedt mit Versuchen an der Fliege Eristalis nachgewiesen.

Der große amerikanische Psychologe William James schrieb in seinem Buch ›Principles of Psychology‹: »Des Menschen Selbst liegt darin, daß er von seinen Mitmenschen erkannt wird ... Keine unmenschlichere Bestrafung könnte erfunden werden ..., als daß man sich in der Gesellschaft befindet und absolut niemand einen bemerken würde ... Wenn jede Person, die wir trafen ..., sich verhalten würde, als ob wir ein nicht-existierendes Wesen seien, dann würde sehr bald Wut und ohnmächtige Verzweiflung in uns emporsteigen.« (1905, S. 179f., Übers. A. G.) Eine Beobachtung, die gut zu der Aussage von William James paßt, machte der bahnbrechende neurologische Forscher Walter B. Cannon zum Ausgangspunkt seiner Studie über den ›Voodoo-Tod‹ (1942): Er beobachtete, daß Katzen, denen die Großhirnrinde entfernt wurde, in einen andauernden Zustand der Rage versetzt wurden und innerhalb mehrerer Stunden starben. Die Untersuchung zeigte ihm, daß eine Kombination von Umständen zum Tod der Katzen führte: die Überstimulation des Sympatico-Adrenalinsystems und die *Unterdrückung* des Ausdrucks ihrer Gefühle.

In diesem Zusammenhang wies Cannon darauf hin, daß Schock im Kriege nicht immer auf Wunden oder ein aktuelles Trauma zurückführbar war, sondern oft lediglich auf die subjektive Erfahrung der Angst. Aus diesem Grunde suggerierte er, daß der »Voodoo-Tod« bei den Afrikanern seinen Ursprung in erschütterndem emotionalem Streß hatte, bei dem die Gefühle von Panik und Entsetzen jedoch unterdrückt bleiben und nicht ausgedrückt werden können.

Curt Richter, ein anderer Forscher auf dem Gebiet des unerklärlichen plötzlichen Todes bei Mensch und Tier, fand in einer Studie mit der wilden Norwegischen Ratte (1965), daß dieses Tier innerhalb von zwei bis acht Minuten starb, wenn ihm die Möglichkeit der Bewegung genommen wurde. Weitere Beobachtungen zeigten, daß diese Ratten an einer Verlangsamung der Herzaktivität starben. Angst und eine Serie von Störreizen können das Herz durch Hemmung des Vagus zum Stillstand bringen.

Ausschlaggebend war dabei für Richter jedoch die Beobachtung, daß dieser Tod eine Reaktion auf einer höheren Integrationsebene des Organismus sein mußte. »Die Situation dieser Ratten ist nicht eine, die durch Kampf oder Flucht gelöst werden kann – es ist vielmehr eine Situation der Hoffnungslosigkeit; da sie in ihrer Bewegungsfreiheit vollkommen eingeschränkt wurden ..., hatten sie keine Fluchtmöglichkeit und deswegen keine Chance einer Abwehr dieser Situation ... Es scheint, als ob diese Tiere buchstäblich (ihr Leben) aufgaben.« (S. 308f.)

Bezeichnend war, daß mit der Hoffnungslosigkeit auch die Lebensgefahr endete: Wurde den Ratten ihre Bewegungsfreiheit kurz vor dem sonst unweigerlich eintretenden Tod zurückgegeben, so starben sie nicht. Richter schloß daraus, daß außergewöhnliche Stimulationen des Nervus Vagus und vielleicht auch des Sympatico-Adrenalinsystems an diesem Vorgang beteiligt sind. »Von der psychologischen Ebene aus deuten die Beobachtungen darauf hin, daß Ratten wie auch Menschen als Reaktion auf Hilflosigkeit sterben.«

Hilflosigkeit aber ist der dominierende Aspekt menschlicher Kindheit, wenn die Eltern auf die Bedürftigkeit des Kindes nicht liebevoll eingehen können. Ob Eltern dies tun können oder nicht, hängt wiederum entscheidend vom Grad der Entfremdung ab, in die sie durch unsere technoide und erfolgsorientierte Kultur getrieben worden sind. Gesellschaften, die das innere Leben des Menschen negieren, trennen ihn von seinen empathischen Fähigkeiten ab (Gruen 1984). Wenn das geschieht, können Eltern ihre empathische Wahrnehmung der Not ihres Kindes nicht zulassen. Sie erkennen seine Verzweiflung nicht, können seine bedrohliche Lage nicht richtig einschätzen und daher auch nicht angemessen auf sie reagieren. Statt den emotionalen Zustand des Kindes zu erfühlen, verlassen sie sich auf gedankliche Vorstellungen und verlagern ihre Aufmerksamkeit auf Äußerlichkeiten.

Ein Beispiel: Eine Mutter hat Angst vor ihrer siebzehnjährigen Tochter, weil diese droht, sie umzubringen, und ruft die Polizei.

Äußerlich betrachtet hat diese Mutter allen Grund, sich bedroht zu fühlen. Wenn wir uns allein an das halten, was offensichtlich erscheint, ist ihr Verhalten realistisch. Es gibt da aber noch eine andere Ebene, die viel wichtiger ist, und zu ihr hatte diese Mutter keinen Zugang: Ihre Tochter war verzweifelt. Sie bedrohte zwar ihre Mutter, wollte aber von ihr in ihrer Wut *angenommen* werden. Sie wollte die Autorität ihrer Mutter herausfordern, um einen Halt zu finden und damit einen geschützten Raum, in dem sie ihre kindliche Wut erleben und verarbeiten konnte. Die Mutter erkannte diese tiefere Ebene nicht, weil sie selber von ihrem Fühlen abgeschnitten und in Äußerlichkeiten und gedanklichen Vorstellungen befangen war. Erst später, als die Mutter ihren eigenen Gefühlen näherkommen konnte, nachdem sie sich von dem Mythos des »Machens« befreit und eine bessere Basis für ihr Selbstwertgefühl gefunden hatte, konnten sie und ihre Tochter wieder aufeinander zugehen (Jannberg 1980).

Der springende Punkt dieser schmerzhaften Geschichte ist die Abspaltung unserer spontanen empathischen Wahrnehmungen. Diese Abspaltung zeigt sich in unserem täglichen Umgang mit Kindern in der Ablehnung des Körperkontaktes. Während sogenannte »Primitive« ihre Kinder den ganzen Tag mit sich tragen, sie bei allen ihren Aktivitäten dabei haben, so daß diese an den Rhythmen des täglichen Lebens teilnehmen, bestehen wir darauf, Säuglinge in »sauberen« Betten von uns fern zu halten. Mutter wie Kind nehmen dabei Schaden; der Strom des empathischen Mitfühlens wird unterbunden, die Wahrnehmung des anderen wie auch des eigenen Empfindens muß verkümmern. Da die Kommunikation zwischen der Mutter (oder dem Vater) und dem Kind unterbrochen wird, entsteht eine Art Vakuum. Es sollte nicht verwundern, daß dies zu Bindungsschwierigkeiten führt.

Andererseits wird die Abhängigkeit des Kindes verstärkt. Die Unterbrechung der empathischen Verbindung mit den Eltern macht das Kind extrem hilflos, da es die Wirkungslosigkeit seiner Kommunikation erlebt. Eigentlich ist der Säugling ja kompetent, aber er kann diese Kompetenz nur erleben, wenn die Umwelt seine Botschaften wahrnimmt und liebevoll beantwortet, wenn also Reziprozität in der Kommunikation besteht.

DeCasper (1980) hat in einem Experiment nachgewiesen, daß Säuglinge schon in den allerersten Lebenstagen lernen können, durch Saugen an einem Nippel ein Tonband mit der Stimme ihrer Mutter einzuschalten; an Tonbändern mit den Stimmen anderer Frauen zeigten sie hingegen kaum Interesse. Dies beweist nachdrücklich die Eigeninitiative des Neugeborenen in der Kommunikation mit der Mutter und sein Bedürfnis nach Resonanz. Ein Säugling erlebt seine Mutter ganzheitlich; visuelle und akustische Eindrücke bilden eine Einheit. Und er protestiert, wenn diese Einheit der Mutter auseinandergerissen wird, indem etwa ihre Stimme aus einer ganz anderen Richtung kommt als ihr visuelles Bild (Aronson und Rosenbloom 1971).

Von Geburt an sucht ein Baby Blickkontakt mit den Augen der Mutter (oder der Person, die es bemuttert) und versucht, diesen Blickkontakt aufrechtzuerhalten. Wenn es nicht gelingt, solch einen Kontakt zu entwickeln, fehlt dem Kind die vielleicht wichtigste Quelle der Bestätigung seiner Lebendigkeit, ja seines Seins. Der Dichter Friedrich Hebbel hat dies sehr treffend formuliert: »So dir im Auge wundersam, sah ich mich selbst entstehen.«

Wenn kein Blickkontakt zustande kommt, ist die Entwicklung einer Bindung an Mutter und Vater tiefgreifend gestört. Im Extremfall entwickelt sich überhaupt kein Bindungsverhalten; das Kind wird autistisch.

In diesem Syndrom ist die Bindung zwischen Kind und Eltern gebrochen. Gerade der Blickkontakt spiegelt diese Schwierigkeit wider. Das autistische Kind vermeidet Blickkontakt generell, vor allem aber mit seiner Mutter als der wichtigsten Bezugsperson. Dieses Vermeiden kommt häufig in sogenannten »Radar-Gaze« zum Ausdruck. Dieser starre Radar-Blick ist ein Hindurchblicken durch den anderen, eine Art »Röntgenblick«, bei dem der, der angeschaut wird, sich gar nicht im persönlichen Sinn angeschaut fühlt. Es ist also kein warmes, menschliches Anblicken; der Blick ist maschinenhaft, kalt und distanziert.

Ich betone dies deshalb, weil bei elf der 14 in unserer Studie untersuchten Fälle von Plötzlichem Kindstod dieser durchdringend starre Blick geschildert wird. Wahrscheinlich hatten ihn auch die übrigen drei Kinder, und die Eltern haben ihn entweder nicht wahrgenommen oder aber ihre Wahrnehmung verdrängt. Bezeichnend ist, daß diese Art des Blickens in allen Fällen auch von anderen Personen, insbesondere den Kinderärzten, beobachtet wurde.

Drotat und seine Mitarbeiter (1968) führten den »Radar-Gaze« in ihrer Studie auf Eltern zurück, denen ihre eigenen Bedürfnisse wichtiger waren als die ihrer Säuglinge. Solche Eltern sind – wie unser Beispiel von Judith Jannberg und ihrer Tochter gezeigt hat – von ihren empathischen Wahrnehmungsfähigkeiten abgeschnitten. Darum erkennen sie gar nicht, was im Kind vorgeht: Sie nehmen nur sich selber wahr. Darum aber geht es: Eine Gesellschaft, die den Körper-Kontakt vernachlässigt, der für das empathische Fühlen unentbehrlich ist, fördert eben solch eine Entwicklung. Natürlich bedeutet dies, daß solche Eltern selber in ihrer eigenen frühen Entwicklung keine Befriedigung ihrer elementaren Bedürfnisse erlebt haben. Das entspricht genau den Befunden von Fraiberg (1975).

Natürlich spielen auch Faktoren der Gegenwart ihre Rolle in solch einer Entwicklung. Fraiberg betont deswegen, daß der gesamte Lebenskontext entscheidend dafür ist, wie eine Beziehung zwischen Mutter (Vater) und Kind sich entwickelt. Ist eine Mutter unter Streß, etwa weil sie nicht genügend Möglichkeit für emotionalen Austausch hat, so verstärkt die psychische Isolierung das aus der Kindheit herrührende Gefühl des Verlassenseins und der mangelnden Sättigung ihrer eigenen Bedürfnisse. Sie kann dann noch weniger auf ihr Kind eingehen. Schwangerschaft selber kann in unserer entfremdenden Welt zur Isolierung führen, ebenso beginnende Zerrüttung der Ehe, die Abwesenheit des Vaters oder andere emotionale Verlusterlebnisse.

Daß die Mütter und Väter in unserer Stichprobe stark mit ihren eigenen Bedürfnissen beschäftigt waren, geht daraus hervor, daß ihre Gedanken und Träume noch vor dem Tod des Kindes um das Thema Tod kreisten. Solch starke psychische Fixierung an den Tod muß jedes Kind, das seine Eltern empathisch erfühlt, in ein Gefühl extremer Hilflosigkeit stürzen, das es nicht verarbeiten kann. Das Folgende ist ein Versuch, diese These zu belegen.

Um dies zu veranschaulichen, lege ich zunächst die neuro-psychologischen Grundlagen dar, allerdings nicht isoliert, sondern in ständiger Verknüpfung mit dem emotionalen Streß, den die Normen unserer Gesellschaft erzeugen. Sodann präsentiere ich die Fallbeschreibungen, ausgehend von den Interviews mit den Eltern der fast oder tatsächlich am Plötzlichen Kindstod gestorbenen Kinder. Darauf folgt der eigentliche Versuch einer Integration unseres gegenwärtigen Wissens.

Der Leser, der diese Arbeit weniger mit wissenschaftlichem als mit praktischem Interesse liest, wird die neurophysiologischen Passagen zum Teil überspringen können. Sie sind jedoch wichtig als Untermauerung für das, was folgt. Sie widersprechen der herkömmlichen Denkweise, die von einfachen Reflex-Bögen ausgeht und Struktur und Funktion als trennbare Variablen behandelt. Die hier eingeführte Sicht versteht das Leben als dialektische Dynamik, die nicht aus isolierten Teilprozessen verstanden werden kann. Leben ist seinem Wesen nach immer Bewegung in einem überaus komplexen Gesamtsystem; es muß also immer die Ganzheit des lebendigen Prozesses im Auge behalten werden. Jede Analyse, die von dieser Dynamik abstrahieren zu können meint und isolierte Teilaspekte für sich untersuchen und verstehen will, reduziert künstlich die tatsächlichen Vorgänge und verfälscht damit die Wirklichkeit.

Medizinische Aspekte

Als Syndrom des Plötzlichen Kindstodes definiert man den plötzlichen und unerwarteten Tod eines Säuglings, den man für gesund hielt oder dessen letzte Krankheit so leicht zu sein schien, daß die Möglichkeit des tödlichen Ausgangs ausgeschlossen werden konnte.[1] Man schätzt, daß in den Vereinigten Staaten eines von 500 Babys am Plötzlichen Kindstod stirbt (Shaw 1968), in Frankreich führt Fontaine (1962) 20 Prozent der Säuglingssterblichkeit auf diese Todesart zurück, und Carpenter (1965) schätzt für Großbritannien den gleichen Anteil. Schon 1959 hat Emery in seiner Untersuchung darauf hingewiesen, daß die Häufigkeit des Plötzlichen Kindstodes von Jahr zu Jahr zunimmt.

Die Forschung der letzten 30 Jahre hat Vermutungen über die Ursachen aufgestellt, diese aber nie erhärten können. Aus der umfassenden Durchsicht der internationalen Fachliteratur zwischen 1954 und 1966, die Marie A. Valdes-Dapena 1967 unternommen hat, ergibt sich, daß bei der Obduktion häufig Erkrankungen des Atmungssystems festgestellt wurden. Diese waren für sich allein jedoch niemals ein hinreichender Grund, um den Tod eines Kindes zu erklären. Aus ihrer Untersuchung ergeben sich jedoch zwei pränatale Faktoren, die mit statistischer Signifikanz für den Plötzlichen Kindstod (PKT)[2] relevant sind.

Es handelt sich bei beiden Faktoren um Verhaltensmerkmale der Mütter: In der Kontrollgruppe (keine Todesfälle) besuchten doppelt soviele Mütter im ersten und zweiten Schwangerschaftsmonat einen Arzt wie die Mütter von PKT-Kindern, und letztere rauchten fast zweimal soviel wie die Mütter aus der Kontrollgruppe. Allein diese beiden Einzelergebnisse einer im übrigen fruchtlosen statistischen Suche nach kausalen Beziehungen verweisen auf die Notwendigkeit eines breiteren biosozialen Ansatzes.

Die auf Valdes-Dapenas Untersuchung folgende Arbeit hat die Meinung vertreten, daß Störungen im Atmungssystem und dem dazugehörigen Nervensystem zum Plötzlichen Kindstod führen. Unbeantwortet blieb jedoch die Frage, was der eigentliche Auslöser des Todes ist. Edward Shaw (1968) versuchte diese Frage zu beantworten, indem er darauf hinwies, daß eine nasale Behinderung der Atmung aufgrund einer leichten Infektion zur Apnoe führt. Bei Kindern, die nicht in der Lage sind, auf Mundatmung umzuschalten (wie das bei vielen Säuglingen der Fall ist), würde dies zu Spasmen in den akzessorischen Atemmuskeln und im Kehlkopf führen, wodurch dann der Tod durch Ersticken eintreten würde.

Alfred Steinschneider berichtete 1972 über ausgedehnte Perioden von Apnoe im Schlaf von fünf Säuglingen, von denen zwei später am Plötzlichen Kindstod starben. Er hatte bei ihnen während mehrerer Schlafphasen die Atmung und die Augenbewegungen (REM, »Rapid Eye Movements«) beobachtet und festgestellt, daß Apnoe in den ersten Lebenswochen beträchtlich zunahm und danach wieder abnahm. Obwohl es Steinschneider für wahrscheinlich hielt, daß eine Infektion der Atmungswege das Auftreten von Apnoe im Schlaf begünstigt, zitierte er auch Beobachtungen an vielen Säuglingen, die am Plötzlichen Kindstod gestorben waren, aber keine Anzeichen von Infektion aufwiesen. Bei den von ihm untersuchten Kindern registrierte er ausgedehnte Phasen von Apnoe auch dann, wenn sie von einer klinisch nachweisbaren Krankheit frei waren. Eine durchgängige Beobachtung war jedoch, daß Apnoe am häufigsten im REM-Schlaf auftrat. Obwohl ihm nicht klar war, auf welche Weise der REM-Schlaf eine Apnoe auslösende Veränderung im Atmungszentrum bewirkt, glaubte er dennoch, daß es zu einer solchen Veränderung komme und sie für den Prozeß wesentlich sei. Er vermutete deswegen, daß die langfristig oder vorübergehend wirksamen Faktoren, welche die Dauer des

REM-Schlafs bestimmen, Einfluß auf das Ausmaß von Apnoe während des Schlafs haben und damit auch auf die Wahrscheinlichkeit des Plötzlichen Kindstodes.

Die Möglichkeit, daß Eltern von PKT-Kindern chronische Atemschwierigkeiten übersehen haben könnten und folglich eine Gruppe ausgebildeter Beobachter zu anderen Ergebnissen kommen würde, veranlaßte Mandell (1981) dazu, 30 Mütter zu befragen, die selbst Krankenschwestern waren und Kinder durch den Plötzlichen Kindstod verloren hatten. Sie sollten die Frage beantworten, ob sie auch ohne Infektion der Atemwege irgendwelche respiratorischen Symptome festgestellt hätten. Tatsächlich hatten 37 Prozent der Krankenschwester-Mütter Unregelmäßigkeiten der Atmung bei ihren Kindern beobachtet wie Keuchen, ziehendes oder unregelmäßiges Atmen, Apnoe und Zyanose (Blauwerden). Nur sechs Prozent jener Mütter, die keine Krankenschwestern waren, erinnerten sich an solche Schwierigkeiten. Von den 60 Krankenschwestern mit gesunden Säuglingen berichtete nicht eine einzige von Atemproblemen ohne Infektion.

Weil sich auf diese Weise die Anzeichen für eine Unterventilation der Lungen bei PKT-Opfern häuften, machte sich Naeye (1973, 1974) daran, nach den anatomischen Voraussetzungen für eine derartige Entwicklung zu suchen. Tatsächlich stellte er bei etwa 60 Prozent einer Reihe von PKT-Opfern eine anomale Vermehrung der Muskeln in den kleinen Lungenschlagadern fest. In einer zusammenfassenden Darstellung seiner ausgedehnten Forschungen (1980) postulierte er folglich, daß das Leben von mindestens der Hälfte der PKT-Opfer von längeren Perioden von Hypoxie gekennzeichnet gewesen sei. Er hatte auch entdeckt, daß mehr als die Hälfte der Opfer ein unterentwickeltes Glomus caroticum hatten, was darauf hinweist, daß diese Säuglinge wahrscheinlich Schwierigkeiten hatten, während längerer Episoden von Apnoe wieder mit dem Atmen zu beginnen.

Außerdem stellte er bei diesen Säuglingen eine abnorme Proliferation astroglialer Fasern in der lateralen Formatio reticularis des Hirnstamms fest. Aus der Tatsache, daß Sachio Takashima vom Kinderkrankenhaus in Toronto aufzeigen konnte, daß die astrogliale Proliferation bei PKT-Kindern dort am größten ist, wo auch die Blutzufuhr am geringsten war, schloß Naeye, daß seine Ergebnisse nicht auf eine *vorherige* Schädigung des Atemzentrums hinwiesen, sondern auf Verletzung durch Hypoxie als Ursache für die Unterentwicklung des Glomus caroticum und die Proliferation astroglialer Fasern.

Thesen über Apnoe und Erwachen

Woher kommt dieser Mangel an Sauerstoffzufuhr? Ich werde aufgrund der folgenden Befunde die Hypothese aufstellen, daß die Prozesse, die dazu führen, ihren Ursprung in neurophysiologischen Vorgängen haben, die allen Säuglingen gemeinsam sind.

Apnoe ist kein abnormales Phänomen. Silvio Canestrini (1913) stellte in seinem epochalen Werk über die Empfindungen des Neugeborenen fest, daß die Ausdehnung der Atmungsphasen und die höhere Frequenz längerer Atmungspausen normale Merkmale des Säuglingsschlafes sind. In neuerer Zeit berichteten Roffwarg, Muzio und Dement (1966), daß bei Neugeborenen im REM-Schlaf normalerweise Apnoe auftrete. Sie beobachteten das faszinierende Zusammenspiel zweier Phänomene der Skelettmuskeln im Schlaf des Neugeborenen: das völlige Absinken des Muskeltonus in den ruhenden Muskeln, unterbrochen von häufigen kurzen Muskelanspannungen. Sie beschreiben die Sequenz so: »Verstärkung der Körperbewegungen, allmähliche Verringerung und schließlich völliges Aufhören der RMA (ruhende Muskel-Aktivität), Einsetzen von Unregelmäßigkeiten der Atmung, Auftreten von niedriger Volt-Spannung, schnelleres EEG und schließlich REMs – dies sind die Umstände, die mit dem Übergang zum REM-Schlaf einhergehen.« Diese Verminderung der RMA beim Einschlafen ist bei Neugeborenen ein spezifischer Indikator, daß der Schlaf eingesetzt hat: Dabei weist das EEG im Vergleich zum Wachzustand so gut wie keine Veränderungen auf. Die Atmung im REM-Zustand ist im Gegensatz zum Nicht-REM-Schlaf unregelmäßig und durch stark wechselnde Ausdehnung der Brust gekennzeichnet. Welche Bedeutung das hat, zeigen die Ergebnisse von David Read aus Australien und von Charles Bryan, der mit Elliott Phillipson in Kanada gearbeitet hat. Sie stellten fest, daß die Lungen von Säuglingen zwischen einem und sechs Monaten in dieser Schlafphase teilweise kollabieren, weil die Zwischenrippenmuskeln, welche die Brust bewegen, aufhören zu arbeiten (Naeye 1980).

Aufgrund dieses Zusammenhangs zwischen Apnoe und REM hat Naeye (1980) die Ansicht vertreten, daß das Überleben im Säuglingsalter von einem Aufwachreflex aus dem REM-Schlaf abhängt und von »einem Anschalten der Gehirnstammechanismen, die die Atmung wieder in Gang setzen«. 1979 beobachteten Orlowski, Nodar und Lonsdale ein Defizit von akustisch evozierten Potentialen im Hirnstamm bei Säuglingen, die PKT-gefährdet waren. Dem widersprachen Kileny, Finer, Sussman, Schopflocher und Canon (1982), die die Reaktionen des Gehirnstamms auf akustische Reize bei normalen und PKT-gefährdeten Kindern verglichen. McCulloch, Brouillette, Guzzetta und Hunt (1982) stellten jedoch bei den PKT-gefährdeten Kindern eine Verminderung der Aufwachbereitschaft bei Hypoxie fest, indem sie bei 22 normalen Kindern und elf Kindern, die PKT-Krisen überlebt hatten, die Aufwachreaktion bei Sauerstoffmangel maßen. Aufwachen war definiert als Öffnen der Augen und Einsetzen von Weinen. Dies entspricht den Aufwachsituationen, die wir hier betrachten, nämlich dem Mangel an Aufwachbereitschaft, der PKT-Opfer davon abhält, angemessen auf die Gefahr des Erstickens zu reagieren. (Daß Apnoe eine erlernte Reaktion des Organismus sein kann, die sich unter dem Einfluß traumatischer Reize mehr und mehr entwickelt, bestätigt auch eine Arbeit von Willard E. Caldwell, 1986.)

Arousal[3] und funktionale Neurophysiologie

Die bisherige Forschung geht im allgemeinen implizit von der Annahme aus, daß dem unterschiedlichen Aufwachverhalten strukturelle Anomalien zugrunde liegen. G. Molz und ihre Mitarbeiter (1978, 1983, 1985, 1985) haben die Suche nach vorangegangenen strukturellen Veränderungen beträchtlich ausgeweitet und gezeigt, daß PKT-Populationen hinsichtlich der Verursachung nicht heterogen sein können. In einer faszinierenden Arbeit (1984), in der sie die verschiedenen PKT-Kategorien aufgrund der Obduktionsbefunde vergleicht, weist Molz darauf hin, daß alle PKT-Fälle, auch jene, bei denen die Diagnose keinen organischen Befund erbracht hat, auffallende Gemeinsamkeiten aufweisen. Risikofaktoren wie Frühgeburt, uneheliche Geburt, jahreszeitliche Belastungen (PKT-Fälle treten gehäuft in den Wintermonaten auf), überdurchschnittliches Rauchen der Mütter und Alkoholismus finden sich durchgängig bei PKT-Fällen, ebenso auch strukturelle Anomalien, pathologische Obduktionsbefunde und vorausgehende organische Erkrankungen. Dies stützt die hier dargelegte Auffassung, daß strukturelle Mängel und funktionale Veränderungen (wie zum Beispiel Atmungsausfall und Erhöhung der Aufwachschwelle) gemeinsame Ursachen haben können.

Die Ergebnisse einer Voruntersuchung von E. Riley und S. Barron (1984) sind dafür ein Beispiel. Rattenfötusse, deren Mütter eine Alkoholinjektion erhalten hatten, zeigten im Uterus eine allgemeine Unterdrückung der Bewegung. Die Bewegung des Fötus ist jedoch eine wesentliche Voraussetzung für seine normale Entwicklung; eine Störung kann zu Mißbildung, verminderter Lungengröße unter anderem führen (Smotherton 1984). Die Frage nach den Entstehungsbedingungen für den Plötzlichen Kindstod ist also falsch gestellt, wenn sie strukturelle und funktionelle Ursachen strikt voneinander trennt. Eine Forschungsrichtung, die die Vernetzung von Struktur und Funktion sieht und anerkennt, wird sehr viel eher zu einem Verständnis des Plötzlichen Kindstodes führen, weil sie Aufschluß über komplizierte *Prozesse* geben kann. Die Arbeiten von Forschern wie Riley, Barron, Smotherton und Molz kranken alle an einer Vereinfachung der Phänomene, bedingt durch die Dichotomie von Struktur und Funktion. Es ist weitaus wahrscheinlicher, daß ähnliche Endzustände im Verhalten von Lebewesen sowohl durch strukturelle als auch funktionelle Veränderungen herbeigeführt werden, die sich mehrfach miteinander vernetzt haben.

Hinweise darauf liefert die Arbeit von Bertini, Antonioli und Gambi (1978) über intrauterine Mechanismen der Synchronisation. Die wechselseitige Stimulation von Mutter und Kind über REM-Muster scheint dabei eine bedeutende Rolle zu spielen; sie ließ sich schon in den ersten Nächten nach der Entbindung beobachten. Diese Interaktionen, die sowohl abwechselnd wie gleichzeitig verlaufen, könnten die Reifung der Atmungsstrukturen und -funktionen fördern. Ashley Montagu (1953, 1982) sieht die Labilität und Störanfälligkeit der Säuglingsatmung in den ersten Lebensmonaten im Kontext der Entwicklung: »Der Übergang von der fetalen zur postnatalen Atmung ist erst im zweiten Jahr ganz vollzogen; bis dahin ist es hauptsächlich eine Funktion des Diaphragmas. Fehlt in den ersten vier Monaten nach der Geburt die Stimulation, die für die volle Entwicklung der Atemfunktionen notwendig ist ..., so wird das zu der flachen Atmung führen, die Anfälle von Apnoe verursacht.« (Montagu 1986) Die notwendige taktile Stimulation durch die Mutter hängt vielleicht ihrerseits (zumindest teilweise) von der Dynamik der Interaktion ab, wie sie in der frühen REM-Synchronisation stattfindet, die Bertini und seine Mitarbeiter einen »ersten Dialog« genannt haben. In diesem sich herausbildenden Netz von Strukturen und Funktionen muß das Augenmerk auf deren Dynamik gerichtet sein und nicht auf die Isolation momentaner struktureller Zustände.

Es ist durchaus möglich, daß einige PKT-Fälle mit der Annahme einer strukturellen Gehirnstammanomalie erklärt werden können. Als *allgemeine* Theorie des Plötzlichen Kindstodes würde eine solche Annahme jedoch eine unzulässige Vereinfachung der neurophysiologischen Vorgänge darstellen. Die Möglichkeit von Fehlfunktionen auf einer rein funktionalen Basis ohne pathologischen Befund bleibt dabei völlig außer Betracht.

Die strukturelle Hypothese, die eine Schwächung der respiratorischen Kontrollzentren unterstellt, müßte erklären können, warum es im ersten Monat nach der Geburt praktisch keinen Plötzlichen Kindstod gibt und warum er sich erst Monate später, manchmal erst im neunten Lebensmonat ereignet. Tatsächlich führten Miller, Behrle und Smull (1959) in ihrer Untersuchung von Apnoe und Unregelmäßigkeiten der Atmung bei Frühgeburten den Tod von 18 der 30 Säuglinge auf Schäden der respiratorischen Kontrollzentren zurück. Doch 16 dieser 18 Todesfälle ereigneten sich in der ersten Lebenswoche. Die Frage, warum der Plötzliche Kindstod später so überraschend kommt und was die Säuglinge befähigt, so lange zu überleben, verlangt eine Ausweitung des Untersuchungsfeldes. Die ganze sich entfaltende Stimuluswelt des Säuglings, ohne die die Entwicklung der neurologischen Funktionen nicht verstanden werden kann, muß mit in Betracht gezogen werden. Dazu gehören die Herausbildung von Aufwachschwellen (insbesondere das Einsetzen der Atmung) und das verwandte Problem der Umkehr von Stimuluswirkungen auf den Organismus (wie zum Beispiel Unterventilation als Reaktion auf eine Erhöhung des Kohlendioxydgehalts)[4] ebenso wie Wirkungen der Interaktion zwischen dem zentralen Nervensystem und der Umwelt (zum Beispiel eine Veränderung der Atmung durch Wut oder Depression).

Diese Ausweitung der Perspektive wird uns nicht nur über die simplifizierende Auffassung der Aktivitäten des zentralen Nervensystems als bloße Reflexe hinausführen, sondern wird uns auch erlauben, eine Brücke zwischen einfachen neurophysiologischen Prozessen und höheren Ebenen des Verhaltens herzustellen. (Siehe auch im Nachwort über die neurophysiologische Basis einer Änderung in den Atemreflexen nach dem ersten Lebensmonat.)

Der Begriff Aufwachreflex ist pavlovscher Herkunft und impliziert einen Reflexbogen mit einer absoluten Stimulus-Dimension, die *unabhängig* von Faktoren ist, die sich durch die Umwelterfahrung des Organismus verändern. Man weiß jedoch, daß die Aufwachschwelle eines Organismus abhängig ist von Erfahrungen mit der Intensität der Stimulation, vor allem in der frühen Entwicklung. Eben diese Erfahrungen bewirken später chronische Veränderungen der Aufwachschwellen (Corso 1963; Denenberg 1964; Duffy 1957; Malmo 1959). Aus dieser »Chronizität« wurde irrtümlich gefolgert, daß es sich um einen erfahrungsunabhängigen Prozeß handle und die Konstanz der Schwellenwerte allein durch strukturelle Ausfallerscheinungen zu erklären sei.

Die Rolle von Erwartungen

Mit der Entdeckung des aufsteigenden aktivierenden reticularen Systems (Hebb 1955; Jasper 1949, 1954; Samuels 1959) ist die Möglichkeit einer Umkehr der Funktion durch ein unspezifisches neurales Bombardement der Gehirnrinde erkannt worden. Im allgemeinen führt eine Stimulierung durch das aufsteigende reticuläre System zu einer Erhöhung der Aktivität; eine Intensivierung der Stimulation kann jedoch auch eine Verminderung der Aktivität bewirken.

Lorente de No hatte schon 1939 Grundsätze der neuralen Aktivität formuliert, die diese Umkehrung der Wirkung der Stimulation erklären können; er hatte gezeigt, wie sich einerseits subliminale neurale Impulse zu verstärkter Wirkung summieren können, während andererseits eine Überstimulation die Reizschwelle der Neuronen erhöhen kann. Daraus folgt, daß das Aufwachen keine einfache lineare Funktion der Stimulation ist, das heißt eine Frage von absolutem Ja oder Nein, und nur abhängig von der Intaktheit der neurologischen Struktur. Die Frühzeitigkeit des Aufwachens variiert mit der Intensität des Stimulus; graphisch läßt sich diese Funktion als ein umgekehrtes »U« darstellen. Während anfänglich die Aufwachschwelle bei einer Erhöhung der Intensität sinkt, also das Aufwachen beschleunigt wird, führt eine weitere Steigerung der Intensität zu einer Erhöhung der Aufwachschwelle. Dies macht ein umfassenderes Verständnis des Stimulusfeldes möglich.

Es ist nur scheinbar paradox, daß auch das *Ausbleiben* eines *erwarteten* Stimulus eine intensive Stimulierung darstellt; Stimulation durch ein Ausbleiben von Stimulation ist vielmehr ein wesentlicher Aspekt des Stimulusfeldes des Säuglings. Er wird durch das Wechselspiel von Stimulus und Reaktion zwischen dem Säugling und seiner Mutter determiniert, wobei die Entwicklung von Erwartungshaltungen eine wesentliche Rolle spielt. Hier wird die ganze Tragweite der Einstellungen und Erwartungshaltungen der Mutter (beziehungsweise des Vaters) gegenüber dem Säugling deutlich, die wiederum von ihrem (seinem) eigenen Selbstwertgefühl bestimmt werden. Das Ausmaß, in dem die Existenz des Kindes ihr (sein) Selbstwertgefühl stützt, bestimmt weitgehend darüber, ob eine Mutter (ein Vater) fähig ist, die Einzigartigkeit des Kindes anzuerkennen, oder ob sie (er) seine Hilflosigkeit ausbeuten muß. In diesem Wechselspiel der Kräfte entstehen die Erwartungen eines Kindes und entscheidet sich zugleich auch, inwieweit diese Erwartungen erfüllt werden können.

Hier gewinnt die Arbeit von von Holst und Mittelstaedt (1950) große Bedeutung. Sie zeigten, daß es katastrophale Wirkungen haben kann, wenn ein Organismus eine sensorische Stimulation erwartet, diese aber ausbleibt. Unerfüllte Erwartungen führten im Fall der Fliege Eristalis zur physiologischen Paralyse. Wie wir angedeutet haben, stellt die Lebenssituation des Säuglings ein Kontinuum von Erfahrungen dar, aus dem sich Erwartungshaltungen entwickeln. Wird diesen Erwartungen nicht entsprochen, so hat das unausweichlich Wirkungen auf den Organismus. Tinbergen hat in seinem Vortrag zur Verleihung des Nobelpreises (1974) zu von Holsts und Mittelstaedts Begriff der *Reafferenz* (Feedback zwischen Zentralnervensystem und Peripherie) die Meinung vertreten, daß sich Erwartungshaltungen in erster Linie phänotypisch und nicht genotypisch entwickeln. Damit wird nicht nur die überwältigende Bedeutung der Erfahrung bei der Herausbildung von Aufwachmustern deutlich, sondern auch die unendliche Variationsbreite in der individuellen Entwicklung neurophysiologischer Muster, die dem Verhalten zugrunde liegen.

Das Aufwachen ist deswegen nicht einfach eine Funktion von Reflexbögen oder der Summe wiederholter Erfahrungen, sondern abhängig von ihrer Dynamik. Die Entwicklung von Erwartungshaltungen modifiziert das Reaktionsvermögen eines Organismus, und seine frühesten Erfahrungen sind hier am prägendsten; sie werden bestimmend für das Anpassungsverhalten des Individuums. Die Fähigkeit zur Anpassung geht also aus dem Wechselspiel des Individuums mit seinem Stimulusfeld hervor und spiegelt die Geschichte dieses Wechselspiels wider. Der Organismus reagiert dabei nicht nur auf tatsächliche Stimulation, sondern auch auf deren Ausbleiben. Dies wird in der Regel übersehen – vor allem wenn man Erwartungshaltungen für Phänomene hält, die ausschließlich einer höheren Ebene »psychischer« Funktionen angehören.

Die Bedeutung des REM-Schlafs und der Aufwachschwelle

Die Kompliziertheit des Vorgangs, den diese Überlegungen erschließen, wird noch verstärkt durch die Beziehungen, die REM-Schlaf und Apnoe zum Plötzlichen Kindstod haben. Der REM-Schlaf macht einen großen Teil des Schlafes in den ersten Lebenstagen aus. Seine absolute Menge und sein Anteil am Schlaf insgesamt verringern sich mit zunehmender Reifung. Roffwarg und seine Mitarbeiter (1966) stellten fest, daß bei termingerecht geborenen Säuglingen ungefähr 50 Prozent des Schlafes REM-Schlaf ist. Bei Frühgeburten erhöht sich der REM-Schlaf auf 67 Prozent in der 33. bis 35. Woche. Die Tendenz der Daten stützt die Ansicht, daß der REM-Schlaf vor der 30. Woche bei 100 Prozent liegt. »Diese aktivierte Schlafphase ist ein Zustand, in welchem das zentrale Nervensystem mit ebenso großer, wenn nicht größerer Intensität arbeitet als im Erwachen.« Die Autoren ziehen daraus den Schluß, daß REM-Mechanismen wahrscheinlich als endogene Quellen der Stimulation dienen, insbesondere vor und direkt nach der Geburt. Sie glauben, daß diese Stimulation im Uterus und nach der Geburt zur Reifung der wichtigsten Sinnes- und Bewegungszentren im zentralen Nervensystem beiträgt. Der Rückgang des REM-Schlafes im Laufe der Entwicklung (nach dem sechsten Monat fällt er deutlich ab) läßt vermuten, daß die endogene Stimulation für die Reifung des Gehirns an Bedeutung verliert. Dennoch bleibt das Bedürfnis nach dieser Stimulierung. Sogar bei Erwachsenen zieht eine Entbehrung oder Unterdrückung des REM-Schlafes einen dramatischen Anstieg der REM-Phasen nach sich.

Auch wenn bei herangewachsenen Menschen REM-Schlaf und visuelles Träumen miteinander gekoppelt sind, bedeutet das natürlich nicht unbedingt, daß Neugeborene visuelle Träume erleben. Dennoch halten es Roffwarg und seine Mitarbeiter aufgrund ihrer Forschungen für möglich, daß im Leben des Fötus der REM-Zustand den neurophysiologischen Hintergrund schafft, auf dem die angesammelte Erfahrung halluzinatorisch wiederholt werden kann. Wie dem auch sei – die Bedeutung des REM-Schlafes für das Verständnis des Plötzlichen Kindstodes ergibt sich wahrscheinlich aus der Erkenntnis, daß der REM-Mechanismus selber auf ein Bedürfnis des Organismus nach dem REM-Zustand reagiert.

Neugeborene und Erwachsene kompensieren einen Mangel an REM-Schlaf mit einer Verlängerung der darauffolgenden REM-Phasen. Die Gehirntätigkeit während des REM-Schlafes ist so lebhaft wie während der Höhepunkte des Wachzustandes. Während der REM-Phasen kommt es zu folgenden Veränderungen: »Erhöhte Blutzufuhr zur Großhirnrinde; Anstieg der Gehirntemperatur; Erhöhung der Frequenz spontaner neuronaler Entladungen in der medialen reticulären Formation, in den medialen und absteigenden vestibulären Strukturen, in der Pyramidenbahn, in der occipitalen Hirnrinde; Entwicklung von Aggregaten monophasischer Wellen im Pons, Corpus geniculatum laterale und anderen subcorticalen Bezirken; kontinuierliche Thetatätigkeit im Hippocampus (sogar regelmäßiger als während des Wachseins); außerdem gibt es Anzeichen für bahnende Einflüsse auf die somatischen und optischen Afferenzen (Corpus geniculatum laterale) der thalamischen Schaltstationen.« (Roffwarg u. a. 1966) Die Erregbarkeit im motorischen Cortex ist höher und die im sensorischen Cortex mindestens so hoch wie während des Nicht-REM-Schlafs. Die Autoren betonen, daß die Erregbarkeit in beiden Regionen größer ist als im Wachzustand. Deswegen meinen sie, daß das Bedürfnis des Organismus nach REM darauf beruht, daß dadurch die neurologische Entwicklung unterstützt wird.

Dies wird ergänzt durch die Feststellung von Dement (1964, 1965), daß der Organismus auf diesen »internen sensorischen Input« so reagiert, als wären es Wahrnehmungen, die das zentrale Nervensystem von außen erreichen. Er zeigte auch, daß die REM-Zentren im Hinterhirn eine wichtige Verbindung zu den erregenden und hemmenden Efferenzen der Augenbewegungen, der motorischen Aktivität, des Muskeltonus, der spinalen Reflexe, der Atmung, der Herzgeschwindigkeit und anderer Funktionen haben. Damit haben wir also die Basis für ein Verständnis der Wechselbeziehung zwischen dem Aufwachen und zahllosen internen und externen Stimulusfeldern, die die Lebenssituation des Neugeborenen ausmachen. Seine Erwartungshaltungen hinsichtlich der Bereitschaft der Mutter (oder bemutternden Bezugsperson), auf seine Bedürfnisse einzugehen und sie anzuregen – geprägt vom Grad ihrer Zärtlichkeit und der Antwort des wachsenden Kindes auf ihre Liebe –, werden zu seinem eigenen lebenserhaltenden Stimulusnetz.

Wenn dieses Netz reißt, dann wird die strukturelle Reifung und Funktionstüchtigkeit ernsthaft gefährdet. Nissen, Chow und Semmes (1951) haben dies zum Beispiel mit ihren Untersuchungen an Schimpansenbabys gezeigt: Wurde jede Selbstberührung der Tiere systematisch unterbunden, so kam es nicht zu einer normalen Ausdifferenzierung der Bewegungsstrukturen.

Da der REM-Schlaf offensichtlich eine wichtige Quelle endogener Stimulation darstellt, die für die Frühentwicklung des zentralen Nervensystems ausschlaggebend ist, muß man annehmen, daß alles, was den REM-Mechanismus beeinflußt, für das Auftreten des Plötzlichen Kindstodes von Bedeutung ist. Steinschneider (1972) hat festgestellt, daß alle Faktoren, die das Ausmaß des REM-Schlafes verändern, auch eine Wirkung auf die Häufigkeit von Apnoe während des Schlafs haben, also wahrscheinlich auf das Auftreten des Plötzlichen Kindstodes. Naeye (1980) behauptete, daß das Überleben des Säuglings direkt von der Möglichkeit abhänge, aus dem REM-Schlaf zu erwachen. 1981 stellten Harper, Leake, Hoffman, Walter, Hoppenbrouwers, Hodgman und Sterman bei Geschwistern von PKT-Opfern ein von normalen Kindern abweichendes Schlafmuster fest und schlossen daraus, daß dem PKT-Syndrom eine Dysfunktion des Aufwachmechanismus zugrunde liege.

Der Schlaf von Säuglingen weist zwei deutlich unterschiedene Phasen auf – ruhiger Schlaf und aktiver Schlaf –, deren zeitliche Abfolge sich in meiner Studie von PKT-gefährdeten Kindern als gestört erwies. Anders als normale Säuglinge, die häufig aus ihren Schlafphasen aufwachen, erwachten diese Kinder über lange Zeit nicht. So »scheinen PKT-gefährdete Säuglinge Schwierigkeiten beim normalen Übergang vom Schlaf- zum Wachzustand zu haben. Diese Schwierigkeit trat sowohl im zweiten wie im dritten Lebensmonat auf, der Periode, in der die Gefahr des Plötzlichen Kindstodes am größten ist.« (Harper u.a.) Die Untersuchung zeigt, daß die aktiven Schlafphasen (unregelmäßige Atmung, aktiviertes EEG und phasische Muskelaktivität) bei diesen Kindern übermäßig ausgedehnt waren, was nicht überrascht, weil der REM-Schlaf ja ein integraler Bestandteil des aktiven und nicht des ruhigen Schlafs ist. Da die Autoren den REM-Schlaf gar nicht in ihre Analyse einbeziehen, ist anzunehmen, daß ihnen die Bedeutung von REM für die Ausdehnung der aktiven Schlafphase entgangen ist. Der Kern ihrer Schlußfolgerungen ist jedoch für unsere Überlegungen relevant, da die Autoren in einem erschwerten Übergang vom Schlafen zum Wachen, insbesondere während des Auftretens von Apnoe, eine Bedingung sehen, die zum Tod durch Ersticken führen kann. Diese Unfähigkeit, auf Hypoxie (Sauerstoffmangel) mit rechtzeitigem Aufwachen zu reagieren, wurde auch von McCulloch und seinen Mitarbeitern (1982) bestätigt; die damit verbundene Veränderung im Ablauf der Schlafphasen ist ihnen jedoch nicht aufgefallen.

Die Arbeit von Harper und Mitarbeitern ließ vermuten, daß eine Untersuchung des Einflusses der Eltern auf das Schlafverhalten der Kinder wichtige Aufschlüsse bringen könnte. Wir kamen zu der Annahme, daß die Aufwachschwelle davon beeinflußt sein könnte, wie sich das Schlafverhalten der Kinder im Wechselspiel von elterlichen Einwirkungen und eigenen Erwartungshaltungen entwikkelt hat. Die tägliche Erfahrung in unserer Kultur lehrt, daß sich ein großer Teil des Lebens der Eltern um »Probleme« dreht, die sie mit dem Schlafverhalten ihrer Babys haben. Das führt zu regelrechten Kämpfen zwischen Eltern und Kindern um Schlaf und Stillen. Die Art dieser Kämpfe, so glaubten wir, könnte das Schlafmuster der Kinder prägen. Ein Ziel dieser Studie war deshalb herauszufinden, ob sich in einer Gruppe von Eltern, die ein Kind durch den Plötzlichen Kindstod verloren hatten, solche Zusammenhänge feststellen ließen, die dann in einer vergleichenden Studie weiter erforscht werden könnten.

Ein Kinderkrankenhaus in der Schweiz gab mir Zugang zu den Fällen von Plötzlichem Kindstod, die dem Krankenhaus bekannt waren. Zwischen 1973 und 1984 waren 19 derartige Fälle registriert worden (zwei von den gleichen Eltern). Sieben weitere Kinder waren dem Plötzlichen Kindstod nur knapp entronnen. Das Krankenhaus schickte an alle Eltern einen Brief mit der Bitte, an einem Interview über den Tod ihrer Kinder teilzunehmen. 16 der 19 PKT-Eltern und fünf der sieben Eltern, deren Kinder überlebt hatten, waren zur Kooperation bereit. Alle diese Eltern habe ich in ihren Wohnungen aufgesucht und eingehend befragt.

Methodische Überlegungen

Ich sah die Eltern zwischen 1981 und 1984. Das Interview wurde ohne zeitliche Begrenzung geführt und erstreckte sich auf folgende Themen: Schwangerschaft (leicht oder schwer); die Geburtserfahrung; Wachen, Schlafen und Nahrungsaufnahme; Schreien, Weinen, Lachen und Lächeln des Säuglings; die Erwartungen, Ängste und Freuden von Mutter und Vater vor und nach der Schwangerschaft; die Beziehungen der Mutter zu ihren anderen Kindern (soweit vorhanden); die dem Tod vorausgehenden 24 Stunden. Die Qualität der Erinnerungsberichte sollte zugleich als Ausdruck der Persönlichkeit klinisch gewertet werden; was die Befragten nicht direkt aussprachen, sondern nur nonverbal ausdrückten, war hierbei als Hinweis auf unbewußte Vorgänge besonders zu beachten.

Eine Überlegung, die dem Interview zugrunde lag, war die Hypothese, daß in der Auffassung der Mutter von den Bedürfnissen ihres Kindes eine Verbindung zwischen dem Schlafmuster des Kindes und dem Verhalten der Mutter zu finden sein könnte. Diese Auffassung – so die Hypothese – müßte ihrerseits weitgehend vom »Selbstwertgefühl« der Mutter und des Vaters abhängig sein, das heißt von deren Bedürfnis, sich als gute Eltern zu sehen. Solche Zusammenhänge konnten nicht durch direkte Informationen ermittelt werden, da zu erwarten war, daß die Äußerungen der Eltern eher darauf gerichtet sein würden, ihr Selbstwertgefühl zu schützen, als eine objektive Darstellung zu geben. Die Gefahr der subjektiven Verfälschung in einer rückschauenden Analyse (Wenar 1963) ist bekannt; in diesem Falle war anzunehmen, daß Schuldgefühl und Verzweiflung der Eltern über den plötzlichen und unerklärlichen Tod eines Kindes diese Gefahr stark vergrößerten. Aber gerade deswegen hielten wir es für möglich, daß wir durch genaue Beobachtungen des Interviewprozesses aus den Widersprüchen der Aussagen, ihrer Gefühlsqualität und unabsichtlichen Äußerungen wichtige Aufschlüsse gewinnen könnten. Wir hofften, auf diese Weise zu verläßlichen klinischen Ergebnissen zu kommen.

Es zeigte sich, daß der Versuch, die Mütter zu einer detaillierten Darstellung ihres Verhaltens hinsichtlich des Schlafens und Fütterns zu bewegen, auf Widerstand stieß. Entweder hielt die Mutter Fragen, die dieses Verhalten betrafen, für unwichtig und überging sie, oder sie wehrte diese Fragen ab, weil diese – so schien es – ihre eigenen bewußten oder unbewußten Zweifel an ihrer Eignung als Mutter berührten – Zweifel, die der Tod ihres Kindes verstärkt hatte. Die Strukturierung der Interviews ergab sich so zum Teil aus dem Fortgang der Arbeit selber. Das betraf zum Beispiel auch die unerwartete Teilnahme der Väter. In allen Fällen wollten beide Eltern an dem Gespräch beteiligt sein. Die Väter nahmen sich sogar frei, wenn das Interview während der Arbeitszeit stattfand. Dadurch wurde es möglich, die Interaktionen der Eltern zu beobachten und zweifelhafte Punkte in der Darstellung der zurückliegenden Ereignisse zu klären.

In den Interviews sprach in der Hauptsache die Mutter, während der Vater unterstützend dabei saß. Das Bild, das sich in der Abfolge der Interviews ergab, war eine Familienkonstellation, in der die Kinder vor allem für die Mutter, in geringerem Maße auch für den Vater eine Quelle des Konfliktes darstellten. Im Fortgang der Interviews wurde klar, daß die Ambivalenz der Mutter durch Zweifel genährt war, die sie hinsichtlich ihrer Fähigkeit zur Mutterschaft schon vor der Schwangerschaft gehegt hatte und die durch Schwangerschaft und Geburt noch verstärkt worden waren. Das Gefühl eigenen Ungenügens war in einigen Fällen bewußt, in anderen durch die gegenteilige Haltung eines scheinbar starken Selbstvertrauens kompensiert.

Die Interviews drehten sich natürlich hauptsächlich um die Erfahrungen der Mütter. Die Väter erweckten durchweg den Eindruck einer großen Fürsorglichkeit, die sogar die Mütterlichkeit der Mütter zu übertreffen schien; eine Ausnahme bildete nur Herr C., der eine ausgesprochen kontrollierende Haltung zeigte.

An den täglichen Pflichten der Versorgung des Kindes nahmen die Väter (außer Herrn K.) nach eigener Aussage allerdings kaum teil. Ihre Haltung der Fürsorglichkeit entsprach eher einem Rollenbild; tatsächlich waren sie einen guten Teil der Woche nicht zu Hause und brauchten sich der Mühsal des Alltags nicht zu unterziehen. Alle brachten zum Ausdruck, daß ihnen das bewußt sei. Daß die Väter kaum ambivalente Gefühle gegenüber ihren Kindern erkennen ließen, mag daher rühren, daß sie sich den mütterlichen Pflichten des Nährens, Wickelns und ständigen Umsorgens entziehen können – Anforderungen, die in den Müttern oft zwiespältige Gefühle entstehen lassen.

Wo auch Väter Ambivalenz gegenüber dem Kind zeigten, war dies offensichtlich eine Reaktion darauf, daß das Kind ihnen die Aufmerksamkeit und Fürsorge ihrer Ehefrauen entzog; ob dieser Entzug wirklich oder nur eingebildet war, spielte dabei keine Rolle.

Aus zwei Gründen wird in dieser Studie mehr von den Müttern die Rede sein als von den Vätern. Erstens ist die Mutter von Natur aus die entscheidende Bezugsperson für das Kind. Das Tragen des Kindes baut eine Beziehung auf, die nicht nur für die Entwicklung des Kindes, sondern auch für die Entfaltung mütterlicher Eigenschaften in der Mutter von grundlegender Bedeutung ist. Bertini und seine Mitarbeiter (1978) haben nachgewiesen, wie eng Säugling und Mutter schon in den ersten Stunden nach der Geburt miteinander verflochten sind – gerade im Hinblick auf EEG-Bild und REM-Phasen. Der Aufbau gemeinsamer Rhythmen und Erwartungen ist in dieser Arbeit näher beschrieben. Zweitens aber ist die geringere Bedeutung des Vaters in unserer Gesellschaft auch kulturell bedingt. Dennoch kann auch er eine sehr direkte Wirkung ausüben, wie die drei Väter-Fälle unserer Studie belegen. Indirekt aber ist er in allen Fällen beteiligt – und mit dem individuellen Vater die Männer-Welt ganz allgemein – durch den Einfluß auf den Werdegang der Mutter und ihrer Beziehung zum Kind. Doch dieser Einfluß kommt *durch* die Mutter zur Wirkung und kann daher nur an ihrem Verhalten sichtbar werden. Die Mutter repräsentiert die Scharnierstelle, an der die Macht-Ideologie unserer Gesellschaft ihren Ausdruck findet und weitergegeben wird. Allein schon aus diesem Grund wäre es völlig abwegig, die Mütter schuldig zu sprechen.

Letztlich sind die Vorgänge, die wir hier untersuchen, Ausdruck und Folge der Entfremdung und Isolation des Menschen in einer machtorientierten Gesellschaft. Sie ist geprägt von einer Männer-Ideologie, die den Menschen von seinen Gefühlen abspaltet: Selbstwertgefühl wird nicht aus dem Gewahrsein der eigenen Lebendigkeit gewonnen, sondern aus dem Erfolg im Konkurrenzkampf. Mehr noch als die Männer werden dadurch die Frauen von ihren Geschlechtsgenossinnen isoliert. Treibende Kraft ist der Herrschaftswahn des Mannes, der sich der Frau besitzergreifend bemächtigt. Alles, was zum Abbau dieser Machtstrukturen beiträgt, wird – wie wir zeigen werden – auch die Schrecken des Plötzlichen Kindstodes bannen helfen.

Interviewprotokolle der PKT-Fälle
(Die Interviews werden in der Reihenfolge wiedergegeben, in der sie geführt wurden.)

(1) Frau A., 27 Jahre alt, Vater 31. Das Kind, ein Mädchen, starb im siebten Lebensmonat. Frau A. spricht von »gewaltigen« Ängsten, die der Geburt vorausgingen. Während der ganzen Dauer der Schwangerschaft hatte sie das Gefühl, »daß etwas nicht stimmt«. Als ihr unmittelbar nach der Geburt gesagt wurde, daß ihr Kind ein Mädchen sei, war das »ein großer Schock« für sie. Sie wollte einen Jungen und fürchtete, daß sie das Kind aus Enttäuschung nicht würde annehmen können. »Sobald das Mädchen jedoch zu mir gebracht wurde, verschwanden all diese Gefühle.« Aber schon im nächsten Satz beschreibt sie ihr Kind als »häßlich« und fährt fort: »Es entwickelte sich zu schnell ..., schlief nie ..., hatte einen zu starken Willen.« Als sie über den fünften Lebensmonat des Kindes spricht, sagt sie: »Sie war wie eine laufende Maschine, sie war einfach überall ... Ich verbot ihr, an den Vorhängen zu rütteln ... Ich sagte meiner Freundin: ›Wenn ich schon jetzt nichts mehr zu sagen habe, was wird dann später werden?‹« Und weiter in vorwurfsvollem Ton: »Sie brauchte meine Hilfe und Unterstützung ... Sie wollte alles anfassen, was sich bewegte, und stieß dann Freudenschreie aus ... Sie wollte nicht schlafen, nur in ihrem eigenen Zimmer.« Dies war ihr drittes Kind. »Aber es war das einzige Kind, an dem mein Mann hing. Sie war ›seine‹ Tochter.«

Vor dem Morgen, an dem die Tochter starb, ging Frau A. etwa um Mitternacht in ihr Zimmer, um ein Fenster zu schließen. Dabei wachte die Tochter auf, und Frau A. steckte ihr den Schnuller in den Mund. Um acht Uhr früh fand Frau A. ihre Tochter »ohne jede Reaktion. Sie war wie ein zugeschnürtes Bündel.« Sie brachte es nicht fertig, einen Arzt zu rufen (ihr Mann war bereits zur Arbeit aus dem Haus gegangen) oder Mund-zu-Mund-Beatmung zu versuchen. Berührung war ihr zuwider. Diese Information gab sie unaufgefordert.

Frau A. macht den Eindruck einer intelligenten Frau, die völlig von ihren eigenen Problemen und ihrer Vergangenheit in Anspruch genommen ist. Sie bezeichnet es als die Grundlage ihrer Ehe, daß ihr Mann bereit sei, sich auf all ihre Probleme einzulassen. Das dritte Kind sei das Ergebnis eines »Familienrats« gewesen. »Ich und meine zwei Kinder (damals neun und sieben Jahre alt) wollten ein drittes Kind. Mein Mann war dagegen.« Als sie nach der Geburt aus der Betäubung erwachte, hörte sie als erstes seine Stimme, die sagte: »Ich freue mich, ihr sagen zu können, daß es ein Mädchen ist.« (Von den zwei lebenden Kindern ist das ältere ein Mädchen, das jüngere ein Bub.) »Als ich ihn das sagen hörte, war ich schockiert. Ich wollte einen Jungen. Ich fürchtete, daß ich das Kind nicht würde annehmen können.«

Frau A. sagt, sie könne den Tod ihres Kindes nicht akzeptieren. »Warum wird man über solche Dinge nicht informiert?« Sie nahm an der Beerdigung ihrer Tochter nicht teil und hat niemals ihr Grab besucht. Sie empfindet »Eifersucht«, wenn sie Kinder trifft, die so alt sind wie ihre gestorbene Tochter. Seit ihrem Tod ist sie niemals vor acht Uhr aufgestanden, dem Zeitpunkt, zu dem sie das Kind tot aufgefunden hatte. Während Frau A. in dieser Weise sprach, machte sie auf mich den Eindruck, ihre eigenen Bedürfnisse und die ihres toten Kindes unbewußt zu vermischen. Sie scheint nie um das Kind, sondern nur um sich selbst getrauert zu haben.

Frau A. machte den Eindruck einer Person, deren Energie nicht ausreichte, um ein eigenes Selbst aufzubauen. Es war klar, daß sie selbst noch mütterliche Fürsorge wollte. Aber es war auch klar, daß sie es übel nahm, wenn jemand ihr gab, worum sie bat; das traf insbesondere ihren Ehemann. Diesen Widerspruch versuchte sie dadurch zu lösen, daß sie (unbewußt) ihre Abhängigkeit durch Überkompensation verleugnete: Sie wurde zänkisch. Auf diese Weise konnte sie abstreiten, daß irgend jemand etwas für sie tat. Ihr »Leiden« – das durchaus real war – »bewies« ihr, daß niemand etwas für sie tun konnte. Dadurch gewann sie das Gefühl, »frei« zu sein.

Sie war durchaus in der Lage, zu beschreiben, was ihr Kind durchgemacht hatte, zeigte aber kein Mitgefühl für dieses Leid und kein Gespür für das Wesen ihres Kindes. Es schien, als hätten die Intensität und Lebendigkeit des Kindes und die Tatsache, daß es die Aufmerksamkeit des Vaters so stark auf sich zog, die Mutter aus dem psychischen Gleichgewicht geworfen.

(2) Frau B., 32 Jahre alt, Vater 34. Ihr Kind, das mittlere von dreien und ein Junge, starb mit zweieinhalb Monaten. Mit dem Wachsen des Kindes in ihrem Bauch wuchsen auch die Gefühle der Mutter,

daß es sie »erwürge«. »Er war zu stark für mich. Seine Finger, Füße und Zehen fühlten sich wie Messer an, seine Finger wie Nadeln.« Während der letzten drei Schwangerschaftsmonate »hatte ich das Gefühl, jemand würde seine Hände um meinen Hals legen ... Ich wurde durch seine Geburt sehr verletzt.« (Sie meint damit nicht körperliche Verletzung, sondern Schmerz.)

Während der ganzen Schwangerschaft fühlte sich Frau B. von Ängsten verfolgt. Nach der Geburt dagegen schien ihr der Junge von Ängsten erfüllt. »Er sah immer irgend etwas, seine Augen gingen unruhig hin und her, als wittere er Gefahr. Ich sagte meinem Mann, daß er immer Angst hätte.« Der Vater jedoch beschrieb ihn anders: »Wenn er mich sah, und ich mit ihm sprach, antwortete er immer mit einem Lächeln.« Darauf die Mutter: »Aber am Tag vor seinem Tod lächelte er nicht.«

Frau B. erinnert sich deutlich, daß sie vor der Geburt der beiden anderen Kinder von duftenden Blumen geträumt habe. Bei dem Kind, das starb, »träumte ich von einer weißen Blume ohne Geruch«. Sie sieht in diesen Träumen eine Vorahnung des Schicksals ihrer Kinder. Am Morgen, an dem ihr Sohn starb, träumte sie dreimal von einem Mädchen, das Jahre vorher bei einem Unfall ums Leben gekommen war.

Am Tag vor seinem Tod spuckte das Baby immer wieder seine Nahrung aus und lächelte den ganzen Abend nicht. Um neun Uhr abends schlief es wie gewöhnlich ein. Normalerweise wachte es um vier Uhr früh auf; als es um fünf Uhr noch keinen Laut von sich gegeben hatte, ging Frau B. in sein Zimmer. »Er war kalt.« Der Vater: »Er sah aus, als hätte er vergessen zu niesen. Seine Backen waren aufgeblasen, als würde er im nächsten Moment niesen.«

Frau B. ist eine einsame Frau, die sich von ihrer Umwelt isoliert fühlt. Das Haus, in dem sie vor dem Tod ihres Sohnes lebte, und die damalige Nachbarschaft flößten ihr Angst und Entfremdungsgefühle ein. Das in ihrem Bauch wachsende Kind war für sie ein Teil ihres Jammers. Es kamen Gefühle in ihr auf, als verfolge das Kind sie mit seinem Wachsen, ja mit seiner bloßen Existenz. Sie erlebt die Welt als feindselig, erkennt aber nicht, daß ihr Unbehagen und ihre Wut aus ihrem eigenen Innern kommen. Diese Gespaltenheit und eine minimale Fähigkeit zu empathischer Verbundenheit scheinen die hervorstechenden Merkmale ihrer Persönlichkeit zu sein, möglicherweise verstärkt durch ihr ausgeprägtes Bemühen, sich entgegenkommend und gefällig zu zeigen. Offenbar wurde durch ihren wachsenden, aber für sie unannehmbaren Groll das Kind für sie zur Ursache ihres Gefühls, verfolgt zu sein.

(3) Frau C., 33 Jahre alt, Vater 40. Sie hat sechs Kinder; der Junge, der starb, war ihr fünftes. Er starb im dritten Lebensmonat. Seit Beginn dieser Schwangerschaft empfand sie die Zahl ihrer Kinder als Last. Hinzu kam, daß ihr in dieser Zeit wegen einer Vergrößerung ihres Betriebs noch mehr schwere körperliche Arbeit aufgebürdet wurde. Ihr Mann, sagte sie, erwartete sehr viel von ihr. Sie berichtete, daß sie häufig stolperte und dabei das dumpfe Gefühl hatte, fallen zu wollen, um das Kind zu verlieren. »Er war mir ganz schön lästig in meinem Bauch. Mir kam oft der Gedanke, daß ich sterben wollte. Ich wollte wie eine Fliege verschwinden.«

Am Tag vor seinem Tod schlief ihr Sohn während des Fütterns immer wieder ein. »An diesem Tag weinte er nicht ein einziges Mal.« Ungefähr um acht Uhr abends war er sehr blaß, trank seine Flasche nicht aus und schlief ein. Um halb fünf am Morgen gab Frau C. ihm etwas zu trinken, und er schlief wieder ein. Da er nicht mehr weinte, schaute sie nicht nach ihm. Um acht Uhr fanden ihn beide Eltern leblos. Die Mutter versuchte Mund-zu-Mund-Beatmung, der Vater goß ihm Wasser über den Kopf. Er berichtet: »Als ich seine Decke zurückschlug, wußte ich nicht, ob er schlief oder nicht. Es war, als wäre er einfach eingeschlafen, wie jemand, der einfach ausfällt, der nicht um sein Leben gekämpft hat. Er sah beinahe normal aus. Es war, als wäre er ein Versager.« Die Mutter: »Er funktionierte einfach nicht mehr.«

Während des Interviews war die zehnjährige Tochter von Frau C. anwesend. Oft antwortete sie anstelle ihrer Mutter. Das schien die Mutter mit Stolz zu erfüllen – ganz so, als wäre die Mutter das kleine Mädchen und ihr Kind die Mutter, von der sie Bestätigung erhält.

Frau C. macht den Eindruck einer Mutter, die durch die Forderungen ihres Ehemanns unterdrückt ist. Ihren Ärger äußerte sie jedoch nie offen, sondern hielt ihn zurück und sammelte ihn an. Sie haßte nicht ihr Kind. Sie haßte ihren Mann, weil er so unsensibel war. Nach ihren eigenen Worten wich sie einer offenen Konfrontation aus, um es nicht auf eine Probe ankommen zu lassen. Sie erweckt den Eindruck, daß sie nicht offen kämpfte, weil es ihr wichtig war, im Geheimen Vorwürfe anzusammeln. Dies schien ihr eine Art Selbstbefriedigung zu verschaffen und ein Gefühl der Überlegenheit über ihren Mann zu geben. Der Vater, der während des Interviews häufig hereinkam und das Zimmer wieder verließ, um sich um Geschäftsangelegenheiten zu kümmern, schien stark aufgabenorientiert und ohne Gefühl zu sein. Es war aber klar, daß dennoch er in der Familie die Person war, auf die sich jeder stützen konnte, auch die Mutter. Diese wirkte tüchtig, gleichzeitig aber kindlich. Beim fünften Kind erreichten ihre Ressentiments offenbar den Höhepunkt. Mit dem Nachlassen des äußeren Druckes, dem sie damals ausgesetzt war, verloren auch diese Gefühle später an Intensität.

(4) Frau D., 28 Jahre alt, Vater 30. Sie hat zwei Kinder, das zweite, ein Mädchen, starb im dritten Lebensmonat. Als Frau D. von der Freude sprach, die sie über die Geburt ihres erstgeborenen Jungen empfunden habe, fügte sie fast im gleichen Atemzug hinzu: »... obwohl er sehr klein war. Vielleicht wünscht man sich immer etwas ganz Vollkommenes und Schönes zu haben im Vergleich zu anderen.« Diese Tendenz, Kinder zum Objekt eines statusorientierten Vergleichs zu machen, war kennzeichnend für das ganze Interview. Frau D. zog diese Vergleiche mit der größten Selbstverständlichkeit; offenbar war es für sie völlig undenkbar, daß es noch andere Einstellungen zu Kindern geben könnte. Von der gestorbenen Tochter sagte sie, sie habe eine stärkere Persönlichkeit gehabt als ihr Sohn. Sie sei für die Mutter ein »Traummädchen« gewesen. »Sie war meine Puppe, genau das Mädchen, das ich mir gewünscht hatte.« Aber: »Sie war nicht zu halten ..., sie war ein lautes Kind ..., eines, das auf sich aufmerksam machen will ... Sie war wie eine Puppe, wirklich eine Puppe. Ich hatte immer das Gefühl, daß sie nicht real sei, daß sie nicht wirklich da war. Sie sah einen mit solcher Intensität an, so wie das Erwachsene können ..., so geheimnisvoll, daß ich einmal, als ich sie im Arm hatte, zu ihr sagte: ›Kind, ich werde dich nie wieder weggeben.‹ Ich weiß nicht, warum ich das sagte ... Ich war selig, wie in einem Traum. Besser, man erfährt so etwas gar nicht, sonst passiert etwas, und du verlierst es wieder.«

Diese scheinbare Seligkeit steht in scharfem Widerspruch zu ihrer Beschreibung der letzten zwei Nächte ihrer Tochter. »Sie schrie ununterbrochen. Sie kann ihren Schnuller nicht im Mund behalten, dachte ich. Sie war eine Qual. Ich dachte, ›soll ich dich schreien lassen, bis du einschläfst?‹ Ich ließ sie schreien ..., ich hatte nicht den Eindruck, daß sie krank war. Am nächsten Abend schrie sie nicht, aß richtig ... Um elf Uhr abends legte ich sie ins Bett. Sie schlief eine Stunde lang und fing dann an zu schreien. Zuerst nahm ich sie zu mir ins Bett. Aber sie schlief nicht ein. Sie wollte einfach weinen. Da dachte ich mir, ›geh in dein eigenes Bett‹. Sie schrie weiter. Mein Mann kam nach Mitternacht nach Hause und trug *sein* Kind herum bis um drei Uhr morgens. Wir waren verzweifelt. Ich fürchtete, mein Sohn würde aufwachen; so brachte ich sie hinunter in ein anderes, entfernteres Zimmer, um sie nicht mehr hören zu müssen. Wir waren erschöpft. Um halb acht Uhr am Morgen fanden wir sie tot in ihrem Bett. Sie sah völlig entspannt aus, ohne Zeichen eines Kampfes. Wir riefen den Arzt. Mein erster Gedanke war: ›Ich habe sie umgebracht.‹«

Frau D. ist eine Person mit tiefverwurzeltem Bedürfnis, den anderen zu besitzen. Ihrer Tochter gegenüber steigerte sich dieser Besitzwunsch zum Traum völliger Verschmelzung; ihre Tochter mußte ganz dem Traumbild entsprechen, das sie von ihr hatte. Für das wirkliche Kind und seine individuelle Eigenart ließ dieser Verschmelzungstraum wenig Raum (»Sie war nicht zu halten ..., sie war ein lautes Kind ..., sie wollte einfach weinen.«). Die Selbstbezogenheit dieser Frau ist durch ihre eindrucksvolle soziale Attitüde wirksam getarnt. Ihr liebenswürdiges Auftreten setzt sie gezielt ein, um gesellschaftlich erfolgreich zu sein; sie weiß, was sie will; es geht ihr um ihren sozialen Status. Das tote Mädchen war ihre »Puppe« gewesen und hatte für sie die Bedeutung, ihr Selbstbild als Frau und Mutter zu bestätigen. Ihr Verhalten gegenüber ihrem Sohn, der während des Interviews anwesend war, zeigte das deutlich. Solange er ihr erlaubte, das Bild der gütigen Mutter aufrechtzuerhalten – wobei sie jede seiner Bewegungen kontrollierte und gleichzeitig ganz für das Interview da war –, strahlte Frau D. Selbstzufriedenheit aus; sobald er aber Eigeninitiative ergriff und ihre Aufmerksamkeit zu gewinnen suchte, um ihr etwas zu zeigen, das er gebastelt hatte, wurde sie gereizt. Der Ehemann machte einen anderen Eindruck: Er schien aufrichtig bemüht um beide.

Frau D. zeigt eine geringe Fähigkeit, die Bedürfnisse eines anderen Menschen wahrzunehmen, gleichzeitig aber einen machtvollen Anspruch an den anderen, sich ihrer Sicht der Dinge zu fügen. Vielleicht war es das Geschlecht ihres letzten Kindes, das dieses zum brauchbaren Objekt der Wünsche der Mutter nach einem ergänzenden Wesen machte, über das sie wie über eine Puppe verfügen konnte.

(5) Frau E., 22 Jahre alt, Vater 22. Ihr erstes und einziges Kind, ein Junge, starb zweieinhalb Monate nach seiner Geburt. Sie hatte erst im dritten Monat gemerkt, daß sie schwanger war. Als sie sich dessen bewußt wurde, bekam sie Schmerzen im ganzen Bauch und Fieberanfälle. Sie hatte ständig Angst, daß etwas schief gehen und die Geburt schrecklich sein würde. Der Fötus »bewegte sich sehr stark«. Sie hatte Rückenschmerzen und hörte auf zu arbeiten. Sie bekam Angst um ihr eigenes Leben. »Man hört so viele schreckliche Dinge.«

Als Frau E. den ersten Schrei ihres Kindes hörte, dachte sie: »... das war nicht sehr lang. Ich habe mehr erwartet.« Sie sagte dies in einem Ton, der ausdrückte, daß sie dies als Mangel empfand. »Ich konnte nicht glauben, daß es ein Junge war, aber es machte mir nichts aus. Hauptsache, ›es‹ (!) war gesund.« Schon nach wenigen Tagen hatte sie keine Milch mehr und gab ihrem Kind nach der vierten Woche Gemüse und Obst. »Er schrie immer beim Essen oder wenn er die Flasche bekam. Seine letzte Mahlzeit war abends um halb zehn. Ich rief nach ihm, wenn ich in sein Zimmer ging, um ihn zu holen, dabei schreckte sein ganzer Körper jedesmal angstvoll zusammen.« Aus den Schilderungen beider Eltern ergab sich, daß der Junge gewöhnlich den ganzen Vormittag lang schrie und sein Weinen kurz vor Mittag an Intensität zunahm. Sobald der Vater zum Mittagessen nach Hause kam und in der Tür erschien, hörte das Kind auf zu weinen, begann zu lächeln und lallen.

Mit zwei Monaten hatte das Kind einen »Schreikrampf. Er konnte fast nicht mehr atmen.« Frau E. ging mit ihm zum Arzt, der sagte, alles sei in Ordnung. Drei Tage später schrie das Kind wieder ununterbrochen, und die Mutter ging noch einmal mit ihm zum Arzt. Dieser konnte wieder nichts feststellen. Frau E. berichtet, daß sie ihrem Sohn am Todestag nachmittags um halb fünf die Flasche gab, die er halb austrank. Sie legte ihn ins Bett, und um

Viertel nach fünf schlief er ein. Um halb sieben schlief er immer noch. »Um Viertel nach acht aßen wir zu Abend. Um Viertel vor neun hatte ich plötzlich ein schlechtes Gewissen: ›Sollte ich ihn aufwecken?‹ Als ich zu ihm ging, kam mir der Gedanke: ›Lebt er noch, oder nicht?‹ Ich öffnete die Tür zu seinem Zimmer und rief nach ihm. Er antwortete nicht mit der üblichen Angstreaktion. Ich schrie und rief einen Bekannten, der bei uns war, damit er Mund-zu-Mund-Beatmung machte.«

Gleich zu Beginn des Interviews fragte mich Frau E., ob ich nicht der Meinung wäre, daß ihre Krankenkasse die Untersuchung der Todesursache hätte bezahlen müssen. Es war nicht ganz leicht, ihre Aufmerksamkeit auf das Thema des Interviews zurückzulenken. Später zeigte sie Fotos ihres Kindes. Sie hatten alle Untertitel, als wären sie für einen Illustrierten-Wettbewerb »Das glücklichste Baby« bestimmt gewesen.

Frau E. ist eine Frau, die unfähig scheint, jemandem Liebe zukommen zu lassen. Die Mutterrolle, die das von ihr verlangte, erweckte Wut in ihr und das Gefühl, daß sie selber Zuwendung und Aufmerksamkeit verlieren würde. Ihre Einstellung ihrem Jungen gegenüber schien von Geburt an von dem Bedürfnis geprägt, ihn in seinem Wert herabzusetzen. Ihre »Schuldgefühle« schienen ihren Grund weniger im Mitgefühl für das Leiden ihres kleinen Buben zu haben als in Befürchtungen, was andere über sie als Mutter sagen könnten. Ganz allgemein schienen ihre Beziehungen mehr von Nützlichkeitserwägungen als von aufrichtiger Zuneigung bestimmt zu sein. Der Vater war deutlich von Leiden, Trauer und Schmerz bewegt und glaubte, diese Gefühle auch in seiner Frau zu finden. Offensichtlich hatte der Junge sich in seiner Gegenwart immer entspannt und auf sein Kommen gewartet. Die Angstreaktion des Kindes auf die Stimme der Mutter kann als Hinweis auf die wahre Natur ihrer Gefühlsbeziehung gewertet werden.

(6) Frau F., 25 Jahre alt, Vater 31, drei Kinder. Ihr letztes, ein Mädchen, starb mit sechseinhalb Monaten. Die Schwangerschaft wurde als problemlos geschildert, die Tochter als wach und immer lachend beschrieben. Mit fünf Monaten fing sie an zu krabbeln. Über der Familie schwebte jedoch eine Wolke der Angst. Zuerst hatte Frau F.s Schwiegermutter versucht, die Ehe für ungültig

erklären zu lassen. Das führte dazu, daß sich Herr F. vollkommen von seiner Mutter abwandte. »Davor hatte sie bei jeder meiner Schwangerschaften Streit angefangen. Jedesmal, wenn sie das tat, geschah etwas Schlimmes. Eines meiner Kinder schlug sich ein Loch in den Kopf, die anderen bekamen Fieber und Alpträume.« Frau F. hat das Gefühl, daß von ihrer Schwiegermutter magische Kräfte ausgehen, die sich auf sie und ihre Familie richten. »Es wird uns alle noch zerstören.« Genau an dem Morgen, an dem ihr drittes Kind starb, kamen ein paar schwarze Taschentücher an, die ihre Schwiegermutter für den Vater des Kindes eigens angefertigt hatte.

Frau F. sagt: »Eltern sind nicht dazu da, ihre Kinder zu besitzen.« Das könnte sich wie eine emanzipierte Einstellung anhören. Doch weitere Ausführungen zu diesem Thema zeigen, daß dieser Satz eine weiterreichende Bedeutung hatte: Frau F. hatte Angst, daß sie nicht das Recht hätte, sich an ihren Kindern zu freuen. Sie fühlte sich selber nicht imstande zu einem freudigen Leben und konnte auch ihren Kindern nicht erlauben, ihre Lust am Leben zu genießen. Es schien, daß sich unter der Oberfläche ihrer fortschrittlichen pädagogischen Äußerungen eine andere Überzeugung verbarg: »Kinder wollen ihr Leben gar nicht«. Dies war natürlich nicht direkt verbalisiert, entsprach aber ihrer unausgesprochenen, aber deutlich spürbaren Lebensangst.

Als Hintergrund der komplexen psychischen Prozesse von Frau F. ergab sich folgendes: Ihr Vater starb vor ihrer Geburt; die Mutter heiratete einige Jahre später einen anderen Mann, mit dem sie vier Kinder hatte. Als Kind – und auch später – fühlte sich Frau F. immer außerhalb der Grenzen des Akzeptierbaren. Sie hatte das Gefühl, nicht rechtmäßig, nicht zumutbar zu sein. Die Mutter mußte schließlich alle fünf Kinder alleine aufziehen, da der Vater keine Verantwortung übernahm. »Meine Mutter hat das Leben gemeistert. Sie steht mitten drin.« Diesen Ausdruck der Bewunderung nimmt Frau F. im gleichen Atemzug zurück, ohne sich des Widerspruchs bewußt zu sein. »Lange Zeit hatte ich das Gefühl, daß sie versucht hat, mich runter zu halten. Sie hat nie wahrhaben wollen, daß ich erwachsen wurde. Sie hat nie verstanden, warum wir so früh geheiratet haben und sofort Kinder haben wollten. Für sie ist Freude am Leben mit Kindern nicht vereinbar.«

Frau F. ist also gespalten in ihrer Wahrnehmung der Mutter.

Einerseits erlebt sie sie als stark und mächtig und bewundert sie dafür. Andererseits erfährt sie ihre Mutter als jemanden, der kein Verständnis für ihre Bedürfnisse hat. Gleichzeitig sehnt sie sich nach Bestätigung durch diese »machtvolle« Mutter. Diese unbewußte Ambivalenz scheint auch die Quelle ihrer ebenso unbewußten Vermischung von Mutter und Schwiegermutter zu sein. Obwohl sie die Schwiegermutter haßt, braucht sie unbewußt deren Zustimmung zum Am-Leben-Sein und fühlt sich ihr darum vollständig ausgeliefert.

Diese Gespaltenheit durchzieht wie ein roter Faden große Teile des Verhaltens von Frau F. Trotz ihrer fortschrittlichen Ideen verhält sie sich zum Beispiel einem ihrer Kinder gegenüber ablehnend. Ihr Dreijähriger war beim Interview dabei. Er spielte vor sich hin und nahm dabei gelegentlich flüchtig Kontakt mit mir auf, indem er mich anlächelte. Als die fünfjährige Tochter hereinkam, sagte die Mutter zu ihr in einem Ton der Erleichterung: »Wie gut, daß du da bist, er stört so sehr.« Dieses fünfjährige Mädchen benahm sich ihrer eigenen Mutter gegenüber wie ein Erwachsener; sie schien einer kleinen Frau ähnlicher als einem Kind.

Deutlich wurden Frau F.s psychische Schwierigkeiten auch daran, daß sie das Todesdatum ihrer Tochter um zwei Monate vorverlegte. Tatsächlich war das Kind im gleichen Monat gestorben wie der Vater von Frau F. Dreieinhalb Wochen vor dem Tod der Tochter hatte sie einen Traum, der sich nach eineinhalb Wochen wiederholte: Das Kind liegt tot im Bett, so wie es später wirklich aufgefunden wurde, auf dem Bauch liegend: »Ich weinte so sehr, daß mich mein Mann zweimal aufweckte. Er sagte damals zu mir: ›Jetzt sind schon sechs Monate vorbei. Du brauchst keine Angst mehr zu haben.‹ Vierzehn Tage später war sie tot.« – Daß Frau F. den Tod ihrer Tochter schon lange befürchtet hatte, war während des ganzen Interviews nicht zur Sprache gekommen; ihre Ängste wurden ihr spontan bewußt, als ihr der Traum einfiel.

An dem Tag, an dem das Kind starb, machte die ganze Familie nachmittags einen Spaziergang. Danach legte die Mutter ihre Tochter um halb vier Uhr ins Bett. Gewöhnlich wachte sie um fünf auf. »So ging ich um halb sechs, um sie zu holen – sie war tot – es gab keine Anzeichen eines Lebenskampfes.« Während Frau F. dies berichtete, wurde ihr plötzlich zum ersten Mal klar, daß es einen Monat vorher schon einmal so ähnlich war und daß ihre

Tochter damals fast gestorben wäre: »Einmal, einen Monat vorher, fand ich sie blau um Mund und Ohren in ihrem Bett. Ich dachte: ›Bin ich verrückt?‹ Ich schüttelte sie, und sie lachte, und ich dachte, ich hätte geträumt. Ich hatte sie aus tiefem Schlaf gerissen. Sie war erst aufgewacht, als ich sie schüttelte.«

Frau F. ist eine begabte, kreative Frau, die unter dem Bann einer dominierenden Mutter und später dann einer ebenso mächtigen Schwiegermutter steht und darum ihr Recht in Frage stellt, selbst Mutter zu sein. Diese beiden Frauen erwecken in ihr Gefühle der Wut und Gewalttätigkeit. Da sie solche Gefühle in ihrem Bewußtsein nicht zulassen kann (ihr Ideal sind Khalil Gibrans Dichtungen), richten sie sich gegen sie selbst. Vor der Schwangerschaft hatte sie depressive Phasen, deretwegen sie in einer Klinik war. Intellektuell und im Bewußtsein rebelliert Frau F. gegen ihre Mutter, emotional aber ist sie tief von dieser Mutter (oder von Mutter-Ersatzfiguren) abhängig und auf ihre Zustimmung angewiesen. Die beiden Aspekte ihrer Persönlichkeit scheinen völlig unabhängig voneinander zu existieren; sie kann sie nicht gleichzeitig wahrnehmen und darum nicht integrieren. Daher die Spaltung ihrer Persönlichkeit. Aus Gehorsam gegenüber der Mutter (oder Mutter-Ersatzfiguren) spricht sie sich das Recht ab, ein eigenes Leben zu führen und selbst Kinder zu haben. Ihre erste Tochter hat das Problem teilweise überbrückt, indem sie selbst für sie zur helfenden, unterstützenden Mutter wurde. Das zweite Kind mag der vollen Wucht ihres Selbsthasses dadurch entgangen sein, daß es ein Junge war, doch hat sie auch dieses Kind mit einem gewissen Maß an Ablehnung behandelt. Mit dem dritten Kind aber kommen die Todeswünsche der Schwiegermutter – die anscheinend psychotisch ist – offen zum Ausdruck. Mit dem abgespaltenen Teil ihres Selbst scheint sich Frau F. diesen Todeswünschen gefügt zu haben. Da sie mit ihren eigenen Gefühlen von Wut und Aggression nur so umgehen kann, daß sie diese unbewußt gegen sich selber richtet, können ihre abgespaltenen negativen Regungen gegen ihre Kinder die Herrschaft über sie gewinnen. Auf der bewußten, intellektuellen Ebene sorgt sie für diese Kinder, aber in tieferen Schichten ihrer Seele wagt sie ebenso wenig, ihnen ein Recht auf ein eigenes Leben zuzugestehen wie sich selbst ein Recht auf Kinder. Genau in dem Augenblick, in dem die Wut ihrer Schwiegermutter auf sie ihren Gipfel erreicht, kommt es zum Tod des Kindes.

(7) Frau G., 30 Jahre alt, Vater 34. Sie hat vier Kinder, von denen das zweite, ein Mädchen, in seinem neunten Lebensmonat starb. Beim Sprechen hat die Mutter ständig ein »nettes« Lächeln auf dem Gesicht, selbst dann, wenn es um die Einzelheiten des Todes ihres Kindes geht. Während des ganzen Interviews betont sie immer wieder, daß es in ihrer Familie keine Probleme und Sorgen gebe und alle glücklich seien. »Wir sind immer fröhlich«, sagt sie oft, auch dann, wenn die Möglichkeit von Schwierigkeiten gar nicht zur Debatte steht. Bei der Schilderung ihrer Kinder spricht sie immer nur darüber, wie glücklich sie seien. Dementsprechend erscheinen die Kinder in den Berichten der Mutter überhaupt nicht als individuelle Wesen mit eigenem Charakter. Ein Beispiel: Ich bat Frau G., die Art des Weinens eines ihrer Kinder (nicht des gestorbenen) zu beschreiben. Die Antwort gab sie wieder mit dem gewohnten Lächeln und einem Anflug von Triumphgefühl: »Es gibt keine Probleme, wir haben glückliche Kinder.« Nur durch immer gezieltere Fragen stellte sich heraus, daß das gestorbene Kind jedesmal sehr angstvoll reagierte, wenn seine Mutter es weckte.

Als ich am Anfang des Interviews nach den Namen und Geburtstagen ihrer Kinder fragte, nannte sie alle drei in einem Atemzug mit gewinnendem Lächeln; weder dem Ton ihrer Stimme noch ihrer Mimik konnte ich entnehmen, welches dieser Kinder gestorben war. Da sie mir diese Information, im Gegensatz zu den anderen Befragten, nicht von sich aus gab, fragte ich sie schließlich, welches ihrer Kinder denn gestorben sei. Sie gab mir die Antwort ohne mit der Wimper zu zucken in einem Ton, der nach wie vor bekunden sollte, daß alles in Ordnung sei.

Ein früheres Telefongespräch mit Herrn und Frau G. spiegelte diesen Grundzug ihres Verhaltens deutlich wieder. Die Mutter wollte einen mit mir vereinbarten Interviewtermin halten, obwohl sie in der Klinik war und gerade an diesem Tag ihr viertes Kind geboren hatte. Als wir den Termin vereinbart hatten, wußte ich nicht, daß sie wieder schwanger war. Ich schlug ihr vor, das Interview mindestens sechs Wochen zu verschieben, da ich fürchtete, daß ein Interview über den Tod ihres Kindes ausgerechnet am Tag der Geburt des nächsten Kindes eine zu große Belastung für sie wäre. Frau G. war durchaus nicht dieser Ansicht, gab aber auf mein nachdrückliches Drängen schließlich nach.

Die Schwangerschaft mit dem Kind, das starb, wurde als »sehr gut« beschrieben. Der Fötus sei »ziemlich aktiv« gewesen. Zum Verhalten des Kindes vor dem Nachtschlaf sagte die Mutter: »Sie hatte jeden Abend ihre Schreistunde.« Nachfragen ergaben, daß das kleine Mädchen im allgemeinen weniger fest schlief als die anderen Kinder. Jedesmal, wenn die Mutter das Zimmer betrat, wachte es auf und war, wie schon erwähnt, voller Angst. Wenn jedoch der Vater hereinkam – so berichteten beide Eltern übereinstimmend –, »wachte sie auf und lachte«.

Am Tag, bevor das kleine Mädchen starb, trat der Vater eine Geschäftsreise an. Es war das erste Mal, daß er verreiste. Am Morgen seiner Abreise weckte er seine Tochter um acht Uhr. »Sie wachte auf und lachte mit mir.« Am nächsten Morgen schlief Frau G. wie gewöhnlich bis halb neun und gab dem Kind dann die Flasche. Danach legte sie es auf eine Decke vor dem Haus. Das Kind konnte noch nicht krabbeln. Die Mutter erinnert sich, zu sich selbst gesagt zu haben: »Wenn mein Mann zurückkommt, wird sie krabbeln können.« Um halb elf Uhr legte sie ihre Tochter ins Bett und verließ das Haus um zehn Minuten vor elf. Sie kehrte gleich wieder zurück. »Alles war ruhig, ich schaute nicht nach ihr, weil sie das nur erschreckt hätte.« Sie bereitete in der Küche das Mittagessen vor. »Um eins hatte sie immer noch keinen Laut von sich gegeben, ich ging sie deshalb wecken ... Sie lag wie tot auf der Decke ... Ich machte Mund-zu-Mund-Beatmung ..., rief meine Tante an, daß sie den Arzt rufen sollte, weil ich seine Telefonnummer nicht hatte. Es sah aus, als würde sie schlafen.«

Ihrer ersten Schwangerschaft wurde sich Frau G. erst bewußt, als sie schon im fünften Monat war. Sie machte damals gerade eine Weltreise. Sie saß in einem Bus und wünschte sich, daß er in den Abgrund stürzen möge, den sie gerade überquerten. »Ich wollte sterben ... Als ich aber sicher war, daß ich schwanger war, spürte ich, daß ich eine Aufgabe hatte, und wußte, daß es in Ordnung war.« Nachdem sie von der Reise zu ihren Eltern zurückgekehrt war und dort das Kind geboren hatte, lernte sie ihren jetzigen Mann kennen und heiratete ihn.

Frau G. ist ein Mensch, der immer lächelt, immer liebenswürdig sein will und stets das tut, was der gesellschaftlichen Konvention entspricht. Ihr Beharren auf einer Fassade von scheinbarem Glück, ihr hartnäckiges Lächeln, auch wenn sie von schmerzhaft aufwühlenden Ereignissen spricht, lassen ein großes Potential von abgespaltenem Haß und Feindseligkeit vermuten; ja, es ist anzunehmen, daß eben in dieser Vorspiegelung unerschütterlichen Glücklichseins die abgespaltenen destruktiven Gefühle ihren Ausdruck finden. Denn mit diesem stereotypen Pseudoglück erstickt sie jedes echte Gefühl und unterdrückt so die Lebendigkeit und individuelle Eigenart ihrer Kinder. Zugleich kann sie auf diese Weise ihre destruktiven Gefühle vor sich selbst verbergen. Als diese Gefühle doch einmal aus dem Unbewußten durchbrechen, weil sie sich ihre Schwangerschaft (auf der Weltreise) nicht länger verhehlen konnte, führte der daraus entstehende Selbsthaß nicht nur zu einer Phantasie der Selbstzerstörung, sondern sie ließ in dieser Vorstellung kurzerhand den ganzen Bus mit all seinen Insassen mit in den Abgrund stürzen. Unmittelbar danach verhalf ihr eine kompensatorische Vorstellung von Pflicht und Aufgabe zur Reintegration ihres gespaltenen Bewußtseins.

Der Vater scheint in der Familie derjenige zu sein, der echte Wärme zu geben hat. Das Lächeln seiner Frau ist ihm aber offensichtlich wichtig. Er nimmt ihre zur Schau getragenen Gefühle als bare Münze und pflichtet ihrer Sicht der Dinge stets bei. Ihr gemeinsames erstes Kind (das zweite der Mutter) stirbt an dem Tag, an dem er das Haus gerade für eine längere Geschäftsreise verlassen hat. Was ich an Gefühlshintergrund wahrnahm, läßt sich etwa so sagen: Das erste Kind war vom Auslöser von Todeswünschen zur Lebensaufgabe geworden; das zweite, gemeinsame, vom Vater geliebte, zog im Rahmen der gleichen emotionalen Konstellation die ganze Wucht der abgespaltenen Lebensfeindlichkeit der Mutter auf sich.

(8) Frau H., 30 Jahre alt, Vater 32. Sie hat drei Kinder, das letzte, ein Mädchen, starb mit dreieinhalb Monaten. Die erste Schwangerschaft wurde als schwierig beschrieben. Frau H. wurde oft bewußtlos. Das Kind kam mit Kaiserschnitt zur Welt. Nach der Rückkehr vom Krankenhaus schlief es in der ersten Nacht durch. Die Mutter bekam deshalb Angst, es könnte gestorben sein. »Für das letzte Füttern mußte ich sie immer aufwecken. Sie schlief, ohne auf Geräusche zu reagieren. Ich hatte immer Angst, daß ich sie nicht hören würde, wenn sie nach mir schrie.« Bei der zweiten Schwangerschaft »ging alles gut«. Es war ein Sohn. »Wie bei L.

(ihrem ersten Kind) horchte ich immer auf Lebenszeichen. Ich hatte immer Angst, daß er tot sein könnte. Eine Woche vor seiner Geburt hatte ich Fieber und starke Magenschmerzen. Als er vier Wochen alt war, kam ich einmal in sein Zimmer und fand ihn ganz mit Schleim bedeckt. Ich hob ihn an den Füßen hoch. Er rang nach Luft und atmete dann wieder frei.«

Frau H. wollte ein drittes Kind, obwohl der Arzt ihr davon abriet. Während des Interviews nannte der Vater die Schwangerschaft einen »Verkehrsunfall«. Alles ging gut bis zum Anfang des sechsten Monats, als starke Schmerzen einsetzten. Frau H. empfand die Bewegungen des Kindes als »ziemlich stark. Vielleicht schien es mir nur so. Aber ich war glücklich, denn es bedeutete einfach, daß es am Leben war.«

Das Kind kam fünf Wochen vor dem Termin mit Kaiserschnitt zur Welt. »Sie kam gleich in den Brutkasten. Als ich sie sah, war ich schockiert über ihre Kleinheit ..., sie war so winzig. Ich war nur froh, daß sie am Leben war.« Frau H. weinte, als sie darüber sprach. »Sie hatte so einen intensiven Blick. Das hat mich manchmal wild gemacht, sie schaute ständig. Ihre Augen waren immer offen. Sie konnte einen minutenlang anstarren, mit dem Blick durchbohren. Sie schrie selten.«

Als Frau H. über den Tag sprach, an dem ihr Kind starb, verwechselte sie den Todestag mit dem Geburtstag des Kindes, verbesserte sich aber dann. »Wir waren nachmittags draußen auf einer Wiese mit vielen Menschen. Sie war sehr unruhig. Ich hatte das Gefühl, daß ich sie heimbringen sollte. Das war um halb fünf. Ich gab ihr die Flasche, die sie brav austrank. Danach legte ich sie in ihr Bettchen und ging mit meinem Sohn auf die Wiese zurück, etwa 50 Meter vom Haus entfernt ... Ich kam um halb sechs zurück. Um halb sieben schlief sie immer noch. Sie schlief in unserem Zimmer, weil ich immer Angst hatte, daß sie nicht aufwachen könnte. Um Viertel vor sieben brachte ich einen Verwandten zur nahegelegenen Bushaltestelle und ging dann mit meinem Sohn wieder zur Wiese zurück, um einem Wettkampf zuzuschauen. Ich hatte so ein sonderbares Gefühl. Innerlich drängte mich etwas, nach Hause zu gehen, aber ich tat es nicht. Mein Sohn machte ein großes Geschäft in die Hose und wollte unbedingt nach Hause.« (Hat er ihre Angst gespürt und übernommen?) »Ich ging immer noch nicht. Erst um halb acht kehrten wir zurück. Sie war sehr ruhig. Ich merkte nichts. Ihr Kopf war im Kissen. Ich wandte mich ab und ging aus dem Zimmer hinaus. Dann roch ich, daß sie das Bett naß gemacht hatte. Ich ging zurück und nahm sie hoch ... Es war kein Atem zu spüren. Ich erkannte immer noch nicht richtig, was geschehen war, und rief das Krankenhaus an. Dann schüttelte ich sie – nichts. Sie sollte doch atmen ... Ich habe das Gefühl, sie starb, weil ich nicht da war ... Schon am Abend davor war ich ganz durcheinander. Den ganzen Tag hatte ich Angst gehabt, alles ging schief. Ich verstehe nicht, warum ich nicht nach Hause gegangen bin. Ich hatte am Tag, bevor es geschah, so ein komisches Gefühl. Gegen Abend war mir nach Weinen zumute und dann nach Lachen ... Wenn sie bei der Geburt gestorben wäre, wäre ich damit fertig geworden.«

Frau H. ist hochgradig sensibel und körperlich wie emotional verletzbar und anfällig. Bei der Schilderung ihrer tatsächlich schmerzhaften Schwangerschaften machte sie den Eindruck eines Menschen, der Leiden auf sich nehmen möchte. Zu leiden ist für sie eine wesentliche Grundlage ihres Selbstwertgefühls. Es scheint sich dabei um einen Wunsch nach Selbstbestrafung zu handeln. Was sie unbewußt wünscht, erlebt sie bewußt jedoch als Angst. Daher das seltsame Verhalten am Todestag des Kindes: Frau H. nahm die Gefahr für ihr Kind zwar wahr, aber alles, was sie tat, stand in Widerspruch zu diesem Gewahrsein. Die als Angst erlebten unbewußten Todeswünsche entspringen in diesem Fall nicht direkter Feindseligkeit gegenüber den Kindern, sondern dem unbewußten Bedürfnis zu leiden und sich selbst zu bestrafen. Der Anteil des Ehemannes scheint hier darin zu bestehen, daß er seiner Frau keinerlei emotionale Unterstützung gibt. Ihr Gefühl, wertlos zu sein und kein Daseinsrecht zu haben, wird dadurch verstärkt.

(9) Frau I., 34 Jahre alt, Vater 41. Sie hat drei Kinder, ihr letztes, ein Junge, starb mit vier Monaten. Zwischen dem ersten und dem zweiten Kind hatte sie vier Fehlgeburten. Zu Beginn ihrer letzten Schwangerschaft hatten sie und ihr Mann das Gefühl, »daß es ein bißchen früh war, obwohl wir ein Kind wollten. Ich hatte mich von der zweiten Schwangerschaft (zwei Jahre zuvor) noch nicht ganz erholt.« Der Vater: »Wir überlegten, ob es richtig war, noch ein drittes zu bekommen. Wir wollten eigentlich noch warten.«

Zur letzten Schwangerschaft sagt sie: »Mir war übel, wie immer.

Er war ein sehr lebhafter Fötus ... Gegen Ende der Schwangerschaft machte er mir starke Schmerzen. Es war sonderbar, ich hatte in einer Woche zwei Pfund abgenommen, und auch mein Bauchumfang war um etwa zwei Zentimeter zurückgegangen. Mein Arzt schlug vor, die Geburt einzuleiten. Ich reagierte jedoch nicht auf die Spritzen. So wurde am nächsten Tag ein Kaiserschnitt gemacht. Es ging alles gut, nur das Baby hatte etwas Fruchtwasser in die Bronchien bekommen und hatte ein wenig Schwierigkeiten beim Atmen. Es wog nur 2400 Gramm, wir hatten also offensichtlich den Beginn der Schwangerschaft falsch berechnet. Der Säugling blieb drei Wochen im Krankenhaus. Beim Füttern wurde er sehr müde. Ich ging zweimal täglich zum Krankenhaus, um ihn zu stillen. Sobald er zu Hause war, nahm er sehr schnell auf 3000 Gramm zu. Alles ging gut. Er war völlig gesund ... Er schlief weniger als die anderen, war länger wach. Ab der neunten Woche wollte er keine feste Nahrung mehr zu sich nehmen. Er merkte es, wenn jemand nachts in sein Zimmer kam.« Der Vater: »Er schien mir so wie das zweite Kind, kerngesund. Er entwickelte sich gut. Es gab keine Probleme.« Am Tag vor seinem Tod nahm die Familie das Kind mit auf eine zweitägige Wanderung in die Berge. Es war sehr windig. Der Kleine wurde offensichtlich sehr müde und trank nur einen Teil seiner Flasche. »Ich dachte mir, daß er nicht richtig trank«, sagte die Mutter. Gegen Abend nahm der Wind noch zu, aber »das Baby lachte, es weinte nicht und war zufrieden, wenn es seine Flasche trank«. Gegen fünf Uhr morgens dachte der Vater, er höre ein Kind weinen: »Ich glaube immer noch, daß ich es wirklich gehört habe.« Aber dann sagte er sich, es war nur der Wind. Die Familie frühstückte um halb acht. »Wir dachten, er schläft«, fuhr die Mutter fort, »weil er am Tag zuvor so müde geworden war. Um halb neun sah ich nach ihm. Er reagierte nicht, und ich dachte, er schläft sehr tief. Ich nahm seine Hand, sie war lauwarm. So dachte ich, daß nichts passiert sei. Dann machte eines der anderen Kinder Krach, was ihn normalerweise aufgeweckt hätte. Aber er rührte sich nicht, als ich wieder hineinschaute. Ich ging wieder hinaus, um ihn ausschlafen zu lassen. Um Viertel nach neun wollte ich ihn holen. Ich schrie auf und machte Mund-zu-Mund-Beatmung. Er sah aus, als ob er schliefe.«

Der Vater hatte offenbar Schuldgefühle, daß er um fünf Uhr nicht aufgestanden war, um nach dem Kind zu sehen, war gleichzeitig aber zwanghaft bemüht, jemand anderen für den Tod verantwortlich zu machen. Er meinte, irgend jemand hätte ihn »warnen« müssen, irgendeine Autorität, die Ärzte oder sonst jemand. Es war deutlich, daß er viel Wut und Groll in sich hatte.

Beim Vater drängt die Suche nach einem Schuldigen die Gefühle von Trauer und Zärtlichkeit ganz in den Hintergrund. Beide Eltern wehren Gefühle ab, aber auf unterschiedliche Weise: Der Vater durch Schuldzuweisung, die Mutter durch ihre Fixierung auf körperliche Fitneß und Tüchtigkeit. So braucht sie sich nicht auf empathische Wahrnehmung einzulassen. Beide Eltern verleugnen auch ihre Angst. Unmittelbar vor dem Tod des Kindes hatte es genügend Anlaß zur Sorge gegeben: Der Säugling hatte zu wenig getrunken, so daß man erwarten mußte, daß er früh aufwachen würde, und er reagierte nicht auf Lärm, obwohl ihn sonst jedes kleinste Geräusch störte. Die Mutter ließ jedoch kein Gefühl der Angst oder Besorgnis in sich aufkommen. Sie scheint überhaupt – wie auch der Vater – alle Gefühle abzuwehren, die voraussetzen würden, sich in einen anderen Menschen hineinzuversetzen. Beide Eltern betonen übrigens immer wieder, daß es bei ihnen keinerlei Probleme gebe und alles in Ordnung sei. Das dritte Kind wurde jedoch stärker als Last empfunden als die beiden ersten.

(10, 11) Frau J., 34 Jahre alt, Vater 39. Sie hat fünf Kinder. Das erste, ein Junge, starb mit neun Monaten, das zweite, ein Mädchen, mit zwei Monaten. Seit dem Beginn der ersten Schwangerschaft litt Frau J. an Übelkeit. Die Geburt war sehr schwer, »das Baby hatte die Nabelschnur um den Hals gewickelt«. Zehn Tage nach der Geburt kam es aus dem Krankenhaus nach Hause. Der Vater: »Er hatte einen leichten Schlaf. Er wachte auf und lachte vor sich hin, bis ich ins Zimmer kam.« Die Mutter: »Er entwickelte sich sehr schnell. Er konnte schon früh stehen und wollte herumrennen.« Das sagte sie nicht mit Freude, sondern so, als ob die rasche Entwicklung ihres Kindes ihr Unannehmlichkeiten bereitet hätte. Mit einem ähnlichen Unterton von Ärger erzählte sie, daß ihre Schwiegereltern sehr glücklich über das Kind gewesen seien. »Sie nahmen ihn immer auf den Arm.« Da sie das in einem mißbilligenden Ton sagte, fragte ich sie nach den Gefühlen, die sie dabei hatte. »Ich mochte das nicht.« Sie fühlte sich dadurch selbst zurückgestoßen. Der Junge war damals sieben Monate alt.

Über den Todestag berichtet die Mutter: »Um zehn Uhr vormittags legte ich ihn hin (er schlief gewöhnlich von zehn bis halb zwölf). Ich hörte nichts und ging auch nicht zu ihm hinein, weil er immer sofort aufwachte, wenn ich sein Zimmer betrat. Ich wartete bis Dreiviertel zwölf ..., ging in sein Zimmer ..., er hatte sich in seine Decke verheddert. Überall war Schleim. Ich vermute, daß er sich aufgerichtet hatte. Die Decke war so fest um ihn geschlungen, daß ich ihn fast nicht herausbekam. Mein Mann und ich waren beide da. Erst als wir versuchten, ihn herauszuziehen, bemerkten wir, daß etwas nicht stimmte. Wir machten Mund-zu-Mund-Beatmung. Er war oft unter der Decke. Ich dachte, ich hätte hineinschauen sollen, aber ich hatte nicht in sein Zimmer gehen wollen. Ich ging erst um Dreiviertel zwölf hinein. Danach versuchte ich mich zu verstecken ... Ich fühlte mich nicht in der Lage, mit Leuten zusammen zu sein. Ich wollte mit niemandem sprechen.«

»Nach einiger Zeit entschieden wir uns dafür, noch ein Kind zu bekommen, und ich wurde wieder schwanger.« Das war zwei Monate nach dem Tod des Sohnes. Während dieser ganzen zweiten Schwangerschaft hatte sie Angst, daß »etwas passieren würde«. Diesmal litt sie nicht an Übelkeit. Der Vater: »Wir hofften immer, daß es gut gehen würde.« Die Geburt verlief ohne Komplikationen, »alles war okay«. Es war ein Mädchen. Die Mutter: »Sie schlief mehr als das erste Kind und war sehr lebhaft.« Das sagte sie mit einem vorwurfsvollen Unterton.

An ihrem Todestag »waren wir bei meinen Eltern. Um halb acht Uhr abends gab ich ihr die Flasche. Morgens um halb sieben hatte ich sie noch nicht schreien hören und ging zu ihr. Sie atmete nicht. Meine Mutter rief meinen Mann an. Sie war nicht steif, sondern entspannt ... Es war sonderbar, sie hatte normal getrunken, geschlafen, keinen Schnupfen, gar nichts ... Sie sah aus, als ob sie schliefe ... Ich versteckte mich wieder. Ich tat so, als wäre ich nicht mehr da.«

Einen Monat später wurde Frau J. wieder schwanger. »Wir wollten einfach ein Kind. Die Schwangerschaft war problemlos, die Geburt leicht. Sofort nach der Geburt lief das Kind jedoch blau an. Erst später merkten wir, wie schlimm es war. Der Junge mußte 14 Tage lang im Krankenhaus bleiben. Danach wurden wir überängstlich. Alle zwei Stunden schauten wir nach ihm. Er war nervös und zappelig, hatte oft Fieber. In diesem ersten Jahr war ich sehr ängstlich und nicht so depressiv.«

Als dieser Junge zweieinhalb Jahre alt war, wurde die Mutter wieder schwanger. Alles ging gut. Die Geburt wurde vom Arzt eingeleitet. Das Kind, ein Mädchen, wurde wegen der Krankengeschichten der vorhergehenden Kinder prophylaktisch ins Kinderkrankenhaus gebracht. »Sie weinte nie, war sehr lebhaft. Ich hatte nicht mehr so viel Angst.«

Vier Monate nach der Geburt dieses Mädchens wurde Frau J. abermals schwanger. »Ein Unfall.« Es war wieder ein Mädchen. Die Geburt wurde vom Arzt eingeleitet, und das Kind kam wieder ins Kinderkrankenhaus. »Ich hatte viel mit ihr zu tun. Sie war sehr klein. Ich hatte sogar noch weniger Angst.«

Frau J. hatte schon vor ihrer Ehe viele depressive Phasen. Sie fühlt sich kindlich und verlangt viel Fürsorge. Sie fühlt sich leer. Schon dadurch, daß ihre Schwiegereltern mit ihrem ersten Kind spielten, fühlte sie sich zur Seite gestoßen. Sie klammert sich an jeden, der ihr Unterstützung anbietet, weist aber jeden Versuch zurück, ihr zu etwas echter Unabhängigkeit zu verhelfen. Ihr Ehemann macht einen mütterlichen Eindruck, verlangt aber viel von seiner Frau und akzeptiert ihre Grenzen nicht. Dennoch war er die eigentliche Mutter in der Familie. Frau J. war selber zu sehr verletzt, um auf die Bedürfnisse ihrer Kinder eingehen zu können. Als ihr erstes Kind sieben Monate alt war, fühlte sie sich plötzlich von ihren Schwiegereltern beiseite geschoben. Beim zweiten Kind war sie von Anfang an überzeugt, daß etwas Schlimmes passieren würde.

(12) Frau K., 32 Jahre alt, Vater 33. Sie hat drei Kinder, alles Mädchen, das letzte starb mit einem Monat. »Ich bin ziemlich hektisch. Bevor das mit K. (ihre letzte Tocher) geschah, habe ich nie gedacht, daß so etwas überhaupt möglich wäre. Sie war leblos ... Ich war es, die sie tot aufgefunden hat ... Ich komme nicht darüber weg. Es war grauenhaft, ich wollte das Kind wirklich. Ich war richtig glücklich. Es war eine schöne Schwangerschaft. Die Geburt dauerte lang, aber ich war die ganze Zeit ruhig, während ich sonst sehr nervös bin. Sie war bei der Geburt etwas blau. Sie zeigten sie mir gleich und legten sie mir an die Brust.« »Sie war ruhiger als die anderen. Ich dachte, weil die Schwangerschaft auch ruhig gewesen

war. Sie lächelte nie: Das fiel uns auf. Sie schrie weniger als die anderen. Sie weinte nur dann, wenn ihr Rücken nicht ganz gestützt war, aber sobald man das tat, hörte sie auf zu weinen. Nach der ersten Woche zu Hause schlief sie fast immer durch. Eine Woche vor ihrem Tod ging ich zum Arzt, weil ihre Nase lief und ich das Gefühl hatte, daß sie zu schwach atmete. Er sagte, alles sei in Ordnung, und gab ihr eine Salbe für die Nase. Sie schlief am besten auf der linken Seite, nie auf dem Bauch, das mochte sie nicht.« An ihrem Todestag: »Sie weinte um drei Uhr morgens, und ich gab ihr etwas Fencheltee. Ich legte sie auf die linke Seite. Um sechs Uhr früh sah ich sofort, daß sie tot war. Sie war weder blau noch steif.«

Direkt vor dieser letzten Geburt hatte Frau K. gedacht: »Dies ist nicht meine letzte Schwangerschaft. Aber sobald das Kind da war, war dieser Gedanke weg. Ich hatte keine Angst davor, aber jetzt fürchte ich mich vor allem, was leblos ist.« Sie sagt das nicht mit Angst, sondern mit Trauer. »Ich hatte diese letzte Schwangerschaft meines Lebens wirklich genossen.«

Über ihre erste Schwangerschaft sagte sie: »Ich war sehr stolz. Mein erstes Kind schlief schon während der Stillzeit sehr wenig. Direkt nach der Geburt konnte sie ihren Kopf und ihren Bauch bewegen. Nach der Geburt meines zweiten Kindes kam meine erste wie jeden Abend herein, um uns zu beobachten; sie war damals zweieinhalb Jahre alt. Sie hatte das Gefühl, daß sie zu kurz kam. Mein zweites Kind war sehr friedlich und glücklich. Von Anfang an konnte sie leicht zu anderen Kontakt aufnehmen. Damals hatten wir einige Eheschwierigkeiten, die sich aber auflösten, als wir uns über die Einteilung unserer Zeit mit Kindern und Haus einigten. Als wir das geschafft hatten, dachte ich: ›Ich bin wirklich nicht allein. Ich habe einen Mann, der mithilft.‹« Aus diesem geht hervor, daß Frau K. eine Person ist, die mit ihren Kindern und ihrem Ehemann eine klare und offene Beziehung hat. Sie nimmt ihre eigene Individualität und die des anderen voll wahr. Sie erkennt die Bedürfnisse von anderen und unterscheidet diese klar von ihren eigenen.

Erst nach dem Interview stellte sich heraus, daß es sich gar nicht um einen Fall des Plötzlichen Kindstodes handelte. Ein Computerirrtum hatte zu einer falschen diagnostischen Zuordnung geführt. Laut Obduktionsbefund war das Kind an einer embryonalen Fehlentwicklung des Gehirns gestorben.

Dieses Interview unterschied sich im Nachhinein deutlich von allen anderen: Die Mutter zeigte weder bewußte noch unbewußte Ambivalenz gegenüber ihren Kindern; sie war sich über ihre Gefühle im klaren, konnte Freude wie Wut zulassen und offen äußern und war in der Lage, die Bedürfnisse anderer Menschen, auch die ihrer Kinder, wahrzunehmen und ernst zu nehmen.

(13) Frau L., 27 Jahre alt, Vater 29. Sie verlor zwei Kinder. Ihr erstes Kind starb sieben Tage nach der Geburt an einem »Chromosomendefekt«. »Der Arzt half mir. Er war streng, ohne Mitgefühl. Das hilft mir. Ich komme besser zurecht, wenn mir kein Mitleid entgegengebracht wird.« Ihr zweites Kind, ein Junge, starb mit siebeneinhalb Monaten.

»Ich hatte Angst, obwohl eine Chromosomen-Untersuchung des Fruchtwassers gemacht worden war. Erst als ich ihn sah, nach der Geburt, war ich beruhigt. Ich hatte immer Angst. Ich hatte Angst, daß ich nach einem Kaiserschnitt nicht mehr aufwachen würde. Ich war glücklich, als ich ihn sah. Aber er war so klein, so schrecklich klein ... Zu Hause war ich sehr ängstlich ... Ich hatte sehr bald keine Milch mehr. Solange ich ihn noch stillte, schrie er sehr viel. Ich hatte das Gefühl, daß er nicht genug bekam, daß meine Milch dünn war wie Wasser. Ich versuchte es mit der Flasche, und er hörte auf zu weinen. Er war ein sehr hungriges Kind ... Er war sehr lebhaft und stark. Der Arzt sagte, er sei ungewöhnlich stark. Er drehte seinen Kopf schon am zweiten Tag. Er konnte sich schon sehr bald auf die Hände stützen. Er wollte immer alles sehen. Wenn er mich nicht sehen konnte, weinte und schrie er. Wahrscheinlich hat er sich gelangweilt (!). Zwischen zwei und drei Monaten schrie er viel, seine Stimme war sehr hoch und durchdringend wie eine Sirene. Man hörte ihn überall. Ich dachte, es läge daran, daß er hungrig war und allein. Er erbrach oft. Er steigerte sich immer mehr hinein ... Wenn er brüllte, nahm ich ihn hoch und lief mit ihm herum. Er wollte einfach bei jemandem sein ... Er wollte am Tisch sitzen. Er war zufrieden, wenn er alles sehen konnte. Andere Kinder schlafen durch die rhythmischen Bewegungen ein, wenn sie im Kinderwagen gefahren werden, er mußte jedoch alles sehen, alles beobachten. Wenn er in seinem Wagen war, schaute er die Leute so lange an, bis sie ihn auch anschauten, als wollte er sagen: ›Hier bin ich! Schau mich an! Ich will es so!‹

Dann lächelte er. So schien es mir jedenfalls. Er merkte immer, wenn sein Vater kam. Dann wurde er sofort ruhig.«

»Ich sagte, daß er leicht Angst bekam. Warum, weiß ich nicht. Manchmal schnitt er plötzlich eine Grimasse. Ich dachte, er schlief. Ich glaube, er hat viel geträumt, weil er sich in seinem Gitterbett so stark bewegt hat. Wir haben es deswegen gepolstert ... Er hatte so wenig Haare ... Ich hatte das Gefühl, daß eines seiner Augen größer war als das andere.« Ein paar Mal war er deshalb zur Untersuchung im Krankenhaus. Es konnte aber nie etwas festgestellt werden.

Am Tag vor seinem Tod legte ihn die Mutter um Mitternacht zum Schlafen. »Wir fanden ihn um sieben Uhr morgens. Er hatte drei Tage lang Fieber gehabt, aber es war wieder zurückgegangen. Der Doktor hatte gesagt, er würde jetzt einen Ausschlag bekommen. Am Tag vorher war ich mit ihm beim Arzt gewesen. Ich hatte erst am zweiten Tag bemerkt, daß er Fieber hatte: Er war so aktiv, daß mir erst durch seinen übergroßen Durst auffiel, daß er Fieber hatte.« (Es stellt sich die Frage, warum sie das Fieber des Kindes nicht durch Hautkontakt gefühlt hat.) »Er hatte fast 40 Grad Fieber, so daß ich zum Arzt mit ihm ging. Er sagte, daß es ein Dreitagefieber sei, das schon wieder abklinge, und daß ein Ausschlag auftreten würde. So war es dann auch. Er bekam Durchfall und weinte. Sein Po war ganz rot.«

»Manchmal wollte er nicht essen, wollte seinen Schnuller. Er beruhigte sich, wenn man mit dem Finger Kreise auf seinem Kopf zog.« Alles das sagte sie mit der kühlen Sachlichkeit eines wissenschaftlichen Beobachters. »Tagsüber mußte ich wegen des Durchfalls zweimal seine Windeln wechseln. Er war nicht so lebhaft wie sonst. Ich dachte, er ist noch vom Fieber geschwächt. Gegen Abend ging sein Vater zum Turnen; ich sah fern und hatte ihn bei mir. Kurz vor elf Uhr schlief er ein. Sonst blieb er immer wach, bis sein Vater kam. Am Morgen roch ich etwas. Ich dachte, vielleicht ist es die Salbe, die ich ihm auf den Po geschmiert habe.« Hier schaltete sich der Ehemann ein und erzählte weiter: »Um halb sieben ging ich zu ihm rein. Erst da fiel mir auf, daß er nicht wie üblich geweint hatte. Er lag in seinem Bett wie ein Bündel. Ich bekam Angst.« (Hier wird der Vater von seinen Gefühlen überwältigt und beginnt zu weinen.) »Er lag auf seinem Bauch wie immer. Sein Gesicht war nicht verzerrt. Aber er sah blau aus, wie im Griff des Todes. Ich rief meine Frau.«

Auf die Frage, ob sie träume, antwortet Frau L.: »Nein, aber ich hatte viele Träume über meinen Vater. Ich träumte, daß er gestorben sei, weil er sich mit seiner Pensionierung nicht abfinden konnte (das stimmte nicht, aber er starb tatsächlich sechs Monate später an einem Herzanfall). Ich träumte auch, daß das Kind nicht mehr da wäre. Es war einfach nicht mehr da. Ich habe diesen Traum vergessen, aber jetzt ist er wieder da. Wenn ich mich richtig erinnere, war das vier oder fünf Monate, bevor er starb ... Manchmal träume ich so stark, daß ich nicht weiß, wo ich bin, wenn mich mein Mann in der Frühe weckt. Ich zittere dann. Ich bin sehr unruhig ... Wir hätten gerne noch ein Kind. Manchmal habe ich das Gefühl, ich bin nicht normal, als würde ich von irgendwoher gelenkt. Viele Dinge machen mir keine Freude.«

»14 Tage vor seinem Tod war ich im Urlaub gewesen. Einmal am Vormittag gegen zehn Uhr war sein Atem sehr flach gewesen. Dieses Anstarren! Meine Tante sagte, er sei ein Denker ... Meine Eltern waren geschieden. Ich hatte keinen Kontakt mit meiner wirklichen Mutter. Meine Stiefmutter war für mich wie eine Schwester. Mein Vater heiratete sie, als ich drei war. Ich habe keine Erinnerung an meine eigene Mutter. Sie hatte uns Kinder nicht gewollt.« (Frau L. hat zwei ältere Brüder.) »Die zweite Ehe war glücklich, aber es gab Auseinandersetzungen über uns Kinder. Meine Stiefmutter sagte, sie hätte unseretwegen auf eigene Kinder verzichtet, damit es keine Eifersüchteleien gibt.«

Frau L. ist eine Frau, die ein großes Bedürfnis nach Zuwendung verleugnen muß. Darum erweckt sie den Eindruck von Kälte und »Stärke«. Sie kann Mitgefühl nicht ertragen, weil es sie an Bedürfnisse erinnert, die sie verdrängt hat. Als ihr Mann einmal für einige Tage verreisen mußte, brach sie fast zusammen, gestand sich das aber nicht ein, sondern meinte, sie sei nur überarbeitet. Ihr Abgeschnittensein beeinträchtigte offensichtlich auch die Beziehung zu ihrem Sohn. Warum hat sie sein Fieber nicht bemerkt? Hat sie ihn nie in den Arm genommen? Oder konnte sie, wenn sie es tat, den Körperkontakt nicht wirklich spüren? Sie kann sich nicht einfühlen und versteht deshalb das Verhalten des Kindes völlig falsch. Wenn es schreit, glaubt sie, daß es sich langweilt, und kommt überhaupt nicht auf den Gedanken, daß es einfach ihre Nähe braucht. Für sie ist das Kind einfach eigenwillig. Sie hat keine Erinnerung an ihre eigene Mutter. Ihre Stiefmutter erlebte sie als

Schwester, nicht als Mutter. Ihre Träume nehmen sie offenbar stark gefangen, so daß es ihr schwerfällt, sie abzuschütteln und in die Tagesrealität zurückzufinden. Dabei treten Todeswünsche zutage, die sich auf ihren Vater, aber auch auf ihr Kind richteten. Diese Todeswünsche sind offenbar Ausdruck der uneingestandenen Wut, die sie in sich angestaut hat, weil sie selber als kleines Kind von ihrer Mutter abgelehnt wurde und ihr ungestilltes Verlangen nach Liebe verleugnen mußte.

(14) Frau M., 34 Jahre alt, ihr Ehemann 30. Ihr erstes Kind, ein Junge, starb mit sechseinhalb Monaten. Sie hatte ihren Mann erst zwei Monate vor der Geburt des Kindes geheiratet. Beide hatten nicht mit einer Schwangerschaft gerechnet, weil Frau M. eine Eierstockoperation hinter sich hatte und der Arzt eine Schwangerschaft für praktisch ausgeschlossen erklärte. Frau M. beschreibt die Schwangerschaft als sehr angenehm. Der Fötus sei sehr aktiv gewesen. Die Geburt wurde künstlich eingeleitet. Die Mutter: »Er war ungewöhnlich. Ich konnte fast nicht glauben, daß so etwas möglich sei. Es war eine Befreiung, etwas hatte sich von mir gelöst.« Auf die Frage, was sie an ihrem Sohn als ungewöhnlich empfunden hätte, sagte sie: »Ich hatte erwartet, daß er hübscher aussehen würde.«

»Nach der Geburt konnte man sich kaum erholen. Ich hatte keine Milch. Das Abpumpen half nichts. Ich mußte eine Einstellung zu dem Kind finden, mußte lernen, wie es reagiert, was es braucht. Er war ziemlich ruhig. Er hatte immer etwas Untertemperatur. Nach fünf Tagen normalisierte sich das. Nachdem ich vom Krankenhaus wieder heimkam, mußte mein Mann drei Wochen weg, so daß ich viel bei meinen Eltern war, auch später noch. Er schlief vom ersten Tag an sehr viel, von zehn Uhr abends bis sieben Uhr früh, neun Stunden. Wenn er mir morgens im Krankenhaus gebracht wurde, schlief er immer noch. Zu Hause fürchtete ich, daß ich ihn nicht hören würde, wenn er aufwachte. Ich stellte mir deswegen einen Wecker. Mit drei Monaten begann ich, ihm feste Nahrung zu geben. Es gab keine Schwierigkeiten. Er wurde geimpft. Mit zweieinhalb Monaten wurde er getauft. Er war sehr ruhig an diesem Tag. Dann weinte er den ganzen Abend und die ganze Nacht. Er erbrach den ganzen Inhalt der Flasche. Wir riefen deswegen den Doktor. Er sagte, das Kind hätte einen Bruch, und überwies es ins Krankenhaus. Er wurde operiert und blieb vier Tage dort. Als er wieder nach Hause kam, war nichts zu bemerken. Er aß mehr und nahm zu.«

Auf die Frage, ob das Kind geweint habe, sagte sie: »Fast nie. Er weinte, wenn er hungrig war. Sein Weinen klang meistens unterdrückt. Er beobachtete uns, folgte uns mit den Augen. Er war zu ernst, manchmal zu erwachsen. Mit fünf oder sechs Monaten hatte er einen so fragenden, ernsten Blick. Er weinte nicht, wenn fremde Leute um ihn herum waren. Er beobachtete sie, fühlte sich unter ihnen wohl. Er war ein liebes Kind. Er war dünn, aber mit sechs Monaten konnte er schon frei sitzen. Er hatte Kraft, war nie krank, hatte nie Schnupfen. Nach der Geburt hatte er viel Durchfall, aber sonst gab es nie ein Problem.«

Frau M. hat ihren Sohn gar nicht als Kind empfunden. »Er war nicht wie ein Kind. Er hatte diesen fragenden Blick. Er wachte nie auf. Er schrie nie. Er konnte mich beobachten. Er konnte sich einfach mit sich selbst beschäftigen.«

Auf die Frage nach ihren Träumen sagt Frau M.: »Mehr während der Schwangerschaft. Ich flog immer mit ihm, war immer in der Luft. Die Träume waren intensiv. Ich träumte farbig. Während der Schwangerschaft träumte ich, daß ich das Baby im Umkleideraum des Fußballplatzes bekam. Der Hausmeister half mir, es war sehr aufregend. Die Fußballspieler durften während der Pause nicht in den Umkleideraum, weil ich dort war. In anderen Träumen mußte ich mich beeilen, um das Kind nicht unterwegs zu bekommen, zu früh ... Als ich schwanger wurde, wollte ich unbedingt noch meine Ausbildung abschließen und mein Diplom machen. Ich war richtig darauf fixiert. Ich hätte wahrscheinlich nicht geheiratet, wenn ich nicht schwanger geworden wäre, jedenfalls damals noch nicht.«

Das zweite Kind, das erst nach dem Tod des ersten geboren wurde, war bei dem Interview dabei. Es saß auf dem Schoß des Vaters, fühlte sich aber ganz offensichtlich nicht wohl. Plötzlich schrie es furchtbar auf. Der Vater erklärte dazu: »Er denkt, daß ich ihn anschreien werde, weil er nicht einschläft.« In Wirklichkeit war das Kind offenkundig beleidigt und verletzt. Die Mutter nahm es auf den Schoß, aber sie war mit dem Herzen nicht dabei. Immer wieder versuchte sie, das Kind abzusetzen – sie spürte nie, was es wirklich brauchte. Der Vater sagte: »Ich nehme ihn nachts nicht hoch; meine Frau füttert ihn.«

Frau M. schildert die Beziehung zu ihrem Vater idealisiert, die zu ihrer Mutter dagegen realistisch. Herr M. verlor seine Mutter mit 14 Jahren. Zu seinem Vater hatte er keinen Kontakt. Es war eine große Familie (elf Geschwister) ohne engere Bindungen.

Am Todestag ihres Sohnes war Frau M. mit Vorbereitungen für das Mittagessen beschäftigt. Der Vormittag war normal gewesen. Das Kind hatte um halb acht seine Flasche bekommen, danach spielte es. Um halb elf legte sie es schlafen; der Bub war wie immer müde. Als ihr Mann um Viertel vor eins nach Hause kam, hatte sie eineinhalb Stunden in der Küche gearbeitet. Sie wollte das Kind holen. Es lag ganz ruhig im Bett. Sie nahm es hoch. Es gab kein Lebenszeichen von sich. Da rief sie ihren Mann. Der schüttelte das Kind. Dann fuhren sie sofort zum Krankenhaus. Wiederbelebungsversuche blieben erfolglos. Das Kind war tot.

Wenn Frau M. über ihr Kind sprach, wirkte sie außerordentlich distanziert. Auch die Fragen, die sie stellte, spiegelten diese innere Distanz wider, auch wenn sie scheinbar interessiert klangen. Daß sie bei der Geburt nicht wirklich offen war für das Kind und seine Bedürfnisse, geht aus ihren eigenen Worten hervor: »Ich mußte erst eine Einstellung entwickeln, mußte lernen, wie er reagiert, was er braucht.«

Dies sagte sie ganz unbeteiligt, als ob es um eine wissenschaftliche Problemstellung ginge; von der Freude, einen anderen Menschen im Gefühlsaustausch kennenzulernen, war nichts zu spüren. Ihre Erwartung, daß das Kind »hübscher wäre«, deutet ebenso auf mangelnde innere Verbundenheit hin wie ihre wiederholten Bemerkungen, daß sie die Geburt und das Kind als »ungewöhnlich« empfunden habe. Offenbar erlebte sie ihren Sohn als ein fremdartiges Objekt. Ihre Träume, in denen sie das Kind durch vorzeitige Geburt verliert oder während eines Fußballspiels im Umkleideraum des Sportplatzes zur Welt bringt, weisen auf ungewöhnlich starke narzißtische Tendenzen und zugleich auf ein Rivalisieren mit Männern hin. Es ist zu beachten, daß Frau M. vier Jahre älter ist als ihr Ehemann. Sie hat eine starke Bindung an ihren Vater, nicht aber an den Ehemann. Dieser wirkt gefühlsmäßig sehr flach und zeigt sich unduldsam gegenüber seinem zweiten Kind. Er steht damit in deutlichem Gegensatz zu den anderen Vätern unserer Untersuchung, die sich sowohl ihren Ehefrauen wie ihren Kindern gegenüber mütterlich fürsorglich verhielten. Die ungewöhnliche Müdigkeit des Kindes wurde nie als beunruhigend empfunden. Man sagte einfach: »Das Kind ist gesund« und brauchte sich dann um seinen inneren Zustand keine Sorgen mehr zu machen.

(15) Herr und Frau N., Mutter 30 Jahre alt, Vater 34. Das zweite Kind, ein Sohn, starb im vierten Lebensmonat. Die Schwangerschaft war ungeplant, verlief aber ohne Komplikation. 14 Tage nach dem Termin war das Kind immer noch nicht da. Frau N. wurde aufgefordert, sofort ins Krankenhaus zu kommen, sagte aber, sie habe keine Zeit und könne erst am nächsten Morgen kommen. Als sie in der Klinik war, versuchten die Ärzte sofort die Wehen einzuleiten, hatten aber keinen Erfolg. Sie beschlossen darauf, bis zum nächsten Morgen abzuwarten; Frau N. bestand aber auf einem nochmaligen Versuch, und diesmal setzten die Wehen ein. Der Ehemann war bei der Geburt dabei und filmte ihren gesamten Ablauf. Während der Geburt sagte sich Frau N., sie wolle nie wieder Kinder haben. Sobald aber alles vorüber war, hatte sie wieder den Wunsch nach weiteren Kindern. Sie wollte gleich aufstehen und heimgehen. Es war klar, daß sie sich einen Sohn gewünscht hatte und kein Mädchen haben wollte.

An den ersten beiden Tagen hatte sie nicht genug Milch. »Deshalb schrie er so.« Später schlief er im Krankenhaus durch, daheim dann allerdings nicht. »Sein Schreien war laut und durchdringend. Als wir vom Krankenhaus heimkamen, legten wir ihn ins Bett, baten eine Nachbarin, auf ihn aufzupassen, und gingen für zwei Stunden zum Einkaufen. Nach fünf Minuten begann er zu schreien. Sie hatte ihn die ganze Zeit auf dem Arm. Ich mußte ihn oft stillen. Ich dachte, es liegt daran, daß ich nicht genug Milch habe. Nach zweieinhalb Monaten stellte ich ihn auf Trockenmilch um. Er schlief dann bis neun Uhr durch statt wie früher bis sechs Uhr.« Zu dieser Zeit bat Frau N. ihren Mann, nach dem Baby zu schauen, denn sie fürchtete den Plötzlichen Kindstod.

»Während des ersten Monats schlief das Baby bei uns im Schlafzimmer. Dann hatten wir das Gefühl, daß wir es stören, und gingen zum Schlafen ins Wohnzimmer. Seitdem schlief er tiefer und ruhiger.«

Da beide Eltern arbeiteten, aber zu unterschiedlichen Zeiten, versorgte tagsüber der Vater das Kind und nachts die Mutter. Frau N. arbeitete jedoch im gleichen Gebäude, in dem die Familie auch wohnte, so daß sie zum Stillen kommen konnte. Das Kind war nie krank, auch nicht erkältet, hatte aber leichte Verstopfung. Frau N. hatte, wie sie im Interview berichtete, immer das Gefühl, daß irgend etwas Schlimmes passieren würde. Sie mußte immer an den Plötzlichen Kindstod denken, seitdem sie einmal zufällig davon gehört hatte.

Am Tag vor dem Tod des Kindes hatten beide Eltern viel über den Tod eines Nachbarkindes gesprochen, dessen Mutter den Wunsch geäußert hatte, mit dem Sohn von Frau N. zu spielen. »Das war wohl als Kompensation für ihren Verlust gemeint. Es kam aber nie dazu ... Wir sprachen über den Plötzlichen Kindstod.« In dieser Nacht träumte der Vater, daß er zu einem Kind kam, das in den Armen seiner Mutter starb. Dieser Traum fiel ihm erst drei Tage danach wieder ein. Am Abend war der Bub schon um neun Uhr eingeschlafen. Um halb drei in der Nacht weinte er. Der Vater wartete etwas und ging dann zu ihm. Das Kind war viel wach, wollte aber nicht essen. Es spielte etwa eine halbe Stunde und weinte dann wieder. All das war ungewöhnlich. »Dann schlief er ein«, erzählte der Vater. »Um acht ging meine Frau zur Arbeit. Ich stand um Viertel nach acht auf, um halb neun war der Bub wach. Ich tat all das Übliche, wickelte und fütterte ihn. Er spielte etwa eine halbe Stunde für sich, um elf schlief er wieder. Es war ein schöner warmer Tag, und so setzte ich mich mit ihm ins Auto, um zu einem Freund zu fahren, der in etwa 50 Kilometer Entfernung arbeitete. Ich hatte dort auch einmal gearbeitet. Etwa um ein Uhr waren wir dort. Um halb zwei gab ich ihm die Flasche. Er schlief ziemlich schnell ein. Er war offenbar nervös und brauchte Schlaf. Ich legte ihn in ein abgedunkeltes Zimmer im Haus meines Freundes. Die Zimmertür ließen wir offen. Um halb drei kam die Freundin meines Freundes. Sie wollte meinen Sohn sehen. Ich dachte, ich hörte ihn sich bewegen, und sagte okay. Mein Freund ging ins Zimmer und nahm ihn hoch. Er sah sofort, daß etwas nicht in Ordnung war. Er machte Mund-zu-Mund-Beatmung. Das Kind erbrach sich. Es atmete nicht richtig. Die Freundin rief das Krankenhaus an, und in fünf Minuten war die Ambulanz da. Sie versuchten alles, auch Spritzen direkt ins Herz. Ich rannte aus dem Zimmer und schrie, sie sollten aufhören, ihn doch sterben lassen. Ich wollte lieber kein Kind als eines mit einem Gehirnschaden. Aber sie hörten nicht auf. Das Kind war immer noch warm. Dann kam ein anderer Freund, der Arzt war. Sie ließen nichts unversucht. Ich wußte, daß ich zu meiner Frau fahren und es ihr sagen mußte. Ich löschte in diesem Moment das Ereignis seines Todes aus meinem Gehirn; ich hatte nur noch Angst davor, meine Frau informieren zu müssen. Hätte ich alleine nach Hause fahren müssen, hätte ich mich umgebracht ... Würde sie mich für seinen Tod verantwortlich machen, würde sie mich zurückstoßen, hinauswerfen?«

Die Mutter erzählt: »Um sieben Uhr abends kam ich heim. Ich sah ihn und seinen Freund und dachte: Gut, daß sie schon da sind. Er sagte: ›Es ist etwas passiert.‹ Ich fragte: ›Ist was mit dem Auto‹, da sagte er: ›Der Kleine ist tot.‹ Ich konnte es nicht glauben. Er war doch gesund. Er hat doch nie jemand was getan. Wieso er? Wieso wir? Je länger wir darüber sprachen, desto leichter wurde uns. Wir hatten uns nichts vorzuwerfen. Das Kind war nicht vernachlässigt worden. Es war alles getan worden, was möglich ist.«

Der Vater war seit der Beerdigung nicht mehr auf dem Friedhof. »Man soll sich nicht selbst bemitleiden«, sagte er. Die Mutter war ein paar Mal dort. Sie sagte: »Ich finde es schrecklich auf dem Friedhof zu weinen. Manche Leute mißbrauchen das.«

Im Interview wurde auch gefragt, wie das Kind schaute. »Die Krankenschwester sagte, er sei in seiner Entwicklung weit voraus. Mit zwei Monaten konnte er sich aufrichten und über den Rand seines Bettchens schauen. Er mußte immer gucken. Andere Kinder schauen passiv, bei ihm war das so aktiv, wie er den Leuten nachschaute. Sein Blick war ganz intensiv. Alles interessierte ihn.«

Gegen Ende des Interviews erzählte Herr N., seine Frau habe zu Beginn der Schwangerschaft eine Abtreibung erwogen. Sie wollte damals gerade eine neue Arbeit suchen. Über seine eigenen Eltern sagte Herr N.: »Sie trennten sich, als ich drei war. Später heirateten sie wieder. Das war schlimm für mich. Er hat mich nie akzeptieren können. Meine Mutter kann ich nicht ertragen. Höchstens 20 Minuten halte ich es mit ihr aus. Sie lädt all ihre Schuld und Verantwortung auf mich ab.« Alles, was er sagt, klingt nach tiefer Verletztheit und nach Wut auf die ganze Welt.

Herr N. sieht in seiner Frau die starke, bejahende Mutter, nach der er sich immer gesehnt hat. Ihre Stärke ist aber nur aufgesetzt. Hinter ihrer Fassade von Härte verbirgt sich ein tiefes Verlangen, umsorgt zu werden. Ihr Mann erfüllt ihr diesen Wunsch und fühlt sich zugleich dadurch gestärkt, daß diese Frau ihn »besitzt«. Die Frau wiederum kann sich ihrer Feindseligkeit gegen diesen mütterlich fürsorglichen Mann nicht bewußt werden, weil sie ihre eigene Weiblichkeit zu sehr haßt, und nur über seine Zuwendung sich selber ein wenig annehmen kann. Wohl deshalb ist ihr der Gedanke, eine Tochter zu haben, so unerträglich und das Verhältnis zu ihrem Sohn so ambivalent. Ihr Mann aber ist noch stärker als sie von Todesgedanken beherrscht. Das liegt nach meinem Eindruck nicht nur an den Verletzungen seiner eigenen Kindheit, sondern mehr noch daran, daß sein Sohn die Ausschließlichkeit der Zuwendung bedroht, die er von seiner Frau erwartet. Dieser Ausschließlichkeitsanspruch macht es verständlich, daß er halbbewußt den Tod des Kindes wünscht, während sein Freund Wiederbelebungsversuche macht und er danach nur noch den einen Gedanken hat, seine Frau könnte ihn verstoßen.

(16) Herr und Frau O., Mutter 26 Jahre alt, Vater 31. Ihr zweites Kind, ein Sohn, starb mit zweieinhalb Monaten. Die Schwangerschaft war »mehr oder weniger« geplant. Die Geburt ging sehr schnell. Der Junge trank sofort an der Brust. Er übergab sich in der ersten Nacht. Nach dem dritten Tag hörte das auf. Vater: »Er übergab sich danach immer wieder.« Mutter: »Aber das ist normal, wenn er zuviel getrunken hat.« Der Bub weinte durchdringender, öfter und lauter als die damals zweijährige Tochter, die nach der Rückkehr der Mutter aus dem Krankenhaus noch eine Woche bei den Großeltern mütterlicherseits blieb. Nach seiner Flasche wurde er hingelegt und weinte, bis er einschlief. Mutter: »Alles ging gut.« Vater: »Es ging nicht so gut. Nach dem Füttern weinte er noch mehr.« Mutter: »Er fürchtete sich leicht, er hatte Angst.« Vater: »Wenn er mit mir ins Bett ging, hatte er viel weniger Schwierigkeiten. Wenn die Tür zu seinem Zimmer geschlossen war, wurde es schlimmer. Es war so ein Gegensatz, die Anspannung seines Körpers, wenn er schrie, und die Schlaffheit, wenn er schlief.« Mutter: »Er schlief am liebsten auf der Seite, nicht flach.« Wie war sein Schlaf? Mutter: »Nicht so tief (wie bei der Schwester). Aber er wachte nicht auf.« Schnupfen? Mutter: »Mir schien, daß er Schnupfen hatte, nicht genug Luft bekam. Ich ging zum Doktor, aber er sagte, es wäre nichts.« Verstopfung? »Ja, häufig.« Vater: »Er hatte nach dem Füttern Bauchschmerzen, seine Beine

waren immer in der Luft.« Mutter: »Ich fragte eine Krankenschwester, aber sie sagte, da sei nichts. Ich glaube, er hatte Schmerzen (wegen der Verstopfung), er weinte aber nicht.« Starrer Blick? Mutter: »Ja, ganz anders als seine Schwester.«

Vater: »Er schaute viel interessierter. Er war vom ersten Monat an sehr neugierig.« Mutter: »Er blickte sehr schnell auf und lächelte auch.« Vater: »Er schaute einen wirklich sehr durchdringend an.«

Beide Eltern konnten den Tag, ja sogar den Monat des Todes nicht auf Anhieb nennen, sondern mußten nachschauen.

Ängste? Mutter: »Keine.« Träume? »Nein.« Vater: »Deine erste Schwangerschaft war mit sehr vielen Ängsten verbunden.« Mutter: »Aber das ist normal.« Vater: »Aber du fühltest dich belastet. Du sprachst von einem Kind, das du kanntest; seine Mutter hatte es nicht gewollt und war dann die Treppe hinuntergefallen, so daß das Kind mit Schäden geboren wurde. Wir sprachen darüber, ich weiß, daß es dich sehr beschäftigte.« Mutter: »Ja, aber das war vor und nicht während der Schwangerschaft.« Vater: »Aber es gab damals dieses Fernsehprogramm über Erbschäden. Wir haben uns beide viel Gedanken darüber gemacht (während der Schwangerschaft). Es ist sehr leicht, jetzt darüber zu reden und zu sagen, es hat uns nichts ausgemacht.« Mutter: »Aber weniger während der Schwangerschaft als vorher. Vor der Geburt selbst hatte ich keine Angst. Ich las über primitive Stämme, wie sie es machen. Wirklich enorm, sie machen es ganz allein.«

Träume während der letzten Schwangerschaft? (Ich fragte noch einmal danach.) Mutter: »Gute.« Vater: »Du sagtest, du hättest dumme Träume gehabt.« Mutter: »Oh, ja, das ist wahr. Während der Schwangerschaft (mit dem Sohn) hatte ich diesen sonderbaren Traum. Ich war in einem Korridor mit verschiedenen Türen. Es war ein schwarzer Flur. Ich wollte raus, ich rannte, sprang, aber kam nicht hinaus. Figuren erschienen an der Tür, aber ich weiß nicht, was sie waren. Ich war im siebten oder achten Monat der Schwangerschaft.« Was bedeutet schwarz für Sie? »Leben nach dem Tod, jenes Buch von Armodi, da gibt es einen schwarzen Trichter, viele mußten in ihren Träumen durch einen schwarzen Gang ... Es ist eine Vorahnung, wie die Träume in diesem Buch.« Der Vater sagt auf die Frage nach Träumen: »Ich kann mich nicht erinnern. Was mir zu schaffen macht, sind Alltagsszenen, die ich als déjà vu erlebe, ganz genau, mit allen Details. Was aber die Vorahnungen angeht: Als ich mit meiner Tochter zum Krankenhaus kam, drei Tage nach der Geburt meines Sohnes, warst du mit ihm im Säuglingszimmer, er lag im Bettchen. F. (die Tochter) hielt mich an der Hand, deutete auf das Baby hinter der Glaswand und sagte: ›Schläft.‹ Was mir da durch den Kopf schoß – wie soll ich es erklären –, war die Frage: Was würde ich ihr sagen, wenn er stürbe? Wenn sie nicht dagewesen wäre, hätte ich das nicht gedacht. Würde ich zu ihr sagen: ›Er schläft‹? Als er dann wirklich starb, wollte ich nicht, daß sie ihn tot sieht. Es war unmöglich, zu ihr zu sagen: ›Jetzt schläft er.‹ Wir haben ihr nie irgend etwas über seinen Tod gesagt.« Den Fragen der Tochter sind die Eltern ausgewichen. »Sie weinte jedesmal, wenn sie ein anderes Baby sah. Sie suchte überall nach ihm.« Mutter: »Ich schaute mit ihr die anderen Babys an. Ich hatte selbst Schwierigkeiten, über seinen Tod zu sprechen.«

Beide Eltern bringen starke Schuldgefühle zum Ausdruck, der Vater mehr als die Mutter. Vater: »Wir sind beide schuldig. Ich kam zu spät« (als es geschah). Mutter: »Du kannst jetzt nichts mehr ändern.«

Über den Todestag berichtet die Mutter, daß der Bub um acht Uhr morgens aufwachte und schrie. Er wurde gefüttert und lachte danach. »Alles war normal. Er hatte keine Verstopfung (wie so oft), ich legte ihn ins Ställchen auf seinen Bauch. Es war neun Uhr, ich ging wieder ins Bett (mit dem Mann). Ich wachte etwa um Viertel nach zehn auf und nahm mein Mädchen hoch.« Vater: »Ich ging ins Wohnzimmer, ohne zu wissen, daß er dort war. Nach zehn Minuten kam die Tochter zu uns und sagte ›Baby‹. Da fiel mir auf, daß er reglos auf seinem Bauch lag. Ich nahm ihn sofort hoch, er war schlaff und seine Pupillen weit offen. Er atmete nicht. Ich beatmete ihn von Mund zu Mund. Beim vierten oder fünften Mal reagierte er, aber mit einem Rasseln in seinen Lungen. Ich fühlte seinen Puls. Der war normal. Meine Frau rief sofort den Arzt. Seine Pupillen reagierten nicht. Er hatte Schwierigkeiten zu atmen, als wir beim Arzt ankamen. Der Arzt rief den Krankenwagen. Dann übergab sich das Kind und seine Pupillen reagierten auf Licht. Seine Hautfarbe wurde besser. Ich blieb bei der Kleinen, und meine Frau fuhr mit dem Jungen ins Krankenhaus ... Diese Pupillen machten mich skeptisch. Ich dachte, daß er zu lang ohne Sauerstoff gewesen war. Für die Ärzte war es ein Gehirnödem.

Am Nachmittag reagierte seine linke Pupille nicht mehr … Computerbildschirm war ein kleiner Punkt zu se… 24 Stunden begannen die Nieren zu versagen. In der … sein Herz auf zu schlagen.« Mutter: »Als ich ihn a… hinlegte, schrie er nur ganz kurz. Ich hatte ihn nach dem Füttern auf meiner Schulter herumgetragen, und er wachte auf, als ich ihn hinlegte. Er schrie, aber hörte gleich wieder auf. Wahrscheinlich war er gar nicht richtig aufgewacht und schlief gleich weiter. Bei seiner Schwester hatte ich oft gedacht, sie wäre tot, wenn sie so langsam atmete (!).«

Frau O. ist sehr zurückhaltend mit ihren Äußerungen, wird aber offener, wenn ihr Mann sie korrigiert. Er läßt ihr oft gar keine Zeit, auf Fragen zu antworten, sondern spricht an ihrer Stelle. Während sie versucht, die Ereignisse »normal« erscheinen zu lassen, widerspricht er ihrer Darstellung; sie gibt dann zu, daß er recht hat, und fügt weitere Einzelheiten hinzu. Beiden macht es Schwierigkeiten, Daten und Ereignisse genau zu rekapitulieren. Sie müssen dafür ständig einen Kalender heranziehen. Herr O. ist auf eine etwas strafende Weise kritisch. Als seine Frau ihre erste Geburt als sehr schnell beschreibt, fügt er hinzu: »Zu schnell für das erste Mal.« Er betont oft das Negative, sie gibt jedesmal nach. Sie beschreibt ihre eigenen Eltern als alt und friedlich. Er: »Keine Probleme? Du hast mir doch gesagt, daß du als Kind vor deinem Vater Angst hattest.« Sie: »Ja, aber nur wegen der Zeugnisse. Mit meiner Schwester ging es gut.« Sie bagatellisiert alles. Ihre Todesgedanken und ebenso ihre Phantasien, in einem Leben irgendwo ganz anders Erlösung zu finden, kommen aber doch zum Vorschein. Ihr Mann kommt leicht aus dem Gleichgewicht, wenn nicht alles so läuft wie immer und irgend etwas Unerwartetes geschieht. Das Unerwartete war für ihn schwer zu ertragen. Er gestand sich aber nicht ein, daß es ihm selbst zu schaffen machte, sondern meinte, es wäre für die anderen schlimm.

Mein Eindruck war, daß Herr O. sich durch seine zwanghafte Fürsorglichkeit in Feindseligkeiten verstrickte, die er sich nicht eingestehen konnte. Sie finden ihren Ausdruck in unbewußten Todeswünschen. Auch seine Frau ist in diese Vorgänge verwickelt, indem sie die Fürsorglichkeit ausbeutet; sie benutzt ihre Hilflosigkeit, um Zuwendung zu erzwingen. Teilweise drückt sich dies in ihrer gefühllosen Beziehung zu ihren Kindern aus. Als ihre Tochr mit sechs Monaten anfing, sich im Schlaf zu bewegen, bekam die Mutter Angst, das Kind könnte in seinem Gitterbett ersticken.

Das Problem wurde auf technische Weise gelöst: Das Kind bekam zum Schlafen einen Pyjama mit überlangen Ärmeln, die unter der Matratze festgemacht wurden, so daß es sich nicht mehr bewegen konnte. Zum Interviewzeitpunkt wurde das immer noch so gemacht. Das Kind schlief damals schon in einem normalen Bett ohne Gitter; die Begründung lautete jetzt, es müsse daran gehindert werden, »aus dem Bett zu klettern«. Die feindseligen Gefühle gegenüber dem Kind, als Fürsorglichkeit getarnt, kommen darin klar zum Ausdruck. Solche verdeckten Feindseligkeiten, die unbewußt bleiben und mit scheinbar vernünftigen Gründen gerechtfertigt werden, spielen im Familienleben eine große Rolle. (Im Nachwort gebe ich ein weiteres und ausführlicheres Beispiel eines solchen Vorgangs.)

Interviewprotokolle der Beinahe-Opfer

(1) Frau AA., 33 Jahre alt, Vater 35. Ihr zweites Kind, ein Mädchen, hatte im Alter von drei Monaten, einem Jahr und eineinhalb Jahren PKT-Krisen. Von Anfang an zeigten sich beim Interview Spannungen zwischen den Eltern. Dabei war jedoch deutlich, daß das Interview nicht als unerwünschte Einmischung empfunden wurde, sondern als eine Gelegenheit zur Aufarbeitung. Herr AA. übernahm es sofort, die Fragen des Interviewers zu beantworten. Seine Frau zeigte genauso deutlich, daß sie das ärgerte. Der Vater: »Wir heirateten, nachdem meine Frau schwanger geworden war ... Ich verlor meinen Kopf, fühlte mich überwältigt und gefangen. Ich weiß, daß sie deswegen litt, aber damals habe ich nicht darauf reagiert. Ich sah nur mich und meine Probleme ... Die Heirat war übereilt.«

Nach der Geburt dieses ersten Kindes, eines Jungen, der jetzt acht Jahre alt ist, wurde Frau AA. auf dem Entbindungsbett blau. Schnelles Eingreifen brachte sie wieder in Ordnung. Beide Eltern schilderten den Jungen im Alter von zweieinhalb Jahren als »wild«. Die Mutter: »Er konnte nicht bei mir bleiben, blieb nicht in meiner Nähe. Er war immer weg, wollte frei sein. Er gab mir nie seine Hand, wurde immer ärgerlich und wütend. Ich mußte ihn suchen und war froh, wenn ich ihn fand.«

Die Eltern beschreiben ihr Leben als »gestreßt«. Die Mutter: »Ich fühlte mich allein, wurde mir allmählich meiner Situation bewußt. Seine Mutter kam einmal für ein paar Tage, um zu helfen.« Er: »Ich lief immer vor all dem davon. Sie mußten gehen und nach mir suchen.« Dieser Zustand hielt fast fünf Jahre an, bis kurz vor der Geburt des zweiten Kindes. Dieses war geplant. »Wir wollten ein Mädchen.« Die Mutter: »Die Schwangerschaft verlief gut, aber ich litt unter seinen Arbeitszeiten und litt auch, als er für kurze Zeit arbeitslos wurde. Würde er wieder Arbeit finden? Ich hatte oft Bauchschmerzen. Da war diese Unsicherheit, ich fühlte mich unter Druck.«

Die Geburt dauerte vier Stunden. »Ich hatte ein gutes Gefühl. Sie war ganz rot, ich war glücklich. Sie wurde neben mich gelegt. Der Kontakt war schön. Ich konnte sie beobachten.« Vater: »Es ging jetzt besser, ich ließ sie in Ruhe. Ich hatte damals so viel Arbeit, manchmal bis Mitternacht. Sie konnte in Ruhe auf mich warten – ich hatte so viel zu tun.«

Auf die Frage, was sie mit ihrem Sohn während der Geburt der Tochter und danach gemacht haben, sagte die Mutter: »Kein Problem. Er war da.« Vater: »Nein, war er vielleicht allein zu Hause? Nein, nein, er war bei ihnen (den Schwiegereltern).«

Die Angaben über den Schlaf des Mädchens während der ersten Monate waren widersprüchlich. Einerseits hieß es, sie habe »gut« geschlafen, andererseits, sie habe keinen »leichten« Schlaf gehabt. »Sie weinte oft im Schlaf und auch wenn sie wach war. Es war ein stilles Weinen von Anfang an. Ich stillte sie drei Wochen lang. Sie war nicht so stark, nicht so gierig wie mein Sohn. Manchmal schlief sie während des Fütterns ein. Sie spuckte viel ... Sie hatte nie Schnupfen, hatte nie Verstopfung. Lächelte wie ihr Bruder. Ich ließ sie nicht zu lang schreien, versuchte sie zu beruhigen.«

Über den Tag der ersten Krise berichtet die Mutter: »Um zwei Uhr nachmittags machten wir einen Spaziergang, kamen etwa um sechs Uhr zurück. Sie war schon im Wagen eingeschlafen. Ich weckte sie nicht mehr, sondern stellte sie im Wagen ins Schlafzimmer. Um zehn nach sieben ging ich ins Zimmer, um Geld zu holen. Ich hörte eigenartige Geräusche und schaute nach ihr, sah, daß sie blaß war wie ein Schwamm, naß geschwitzt, die Augen nach oben gerollt. Ich nahm sie hoch, schüttelte sie. Sie begann zu reagieren. Ich dachte, sie hätte etwas verschluckt und deswegen einen Erstickungsanfall. Ich schrie meinem Mann zu, daß sie am Ersticken sei. Wir fuhren zum Krankenhaus, schüttelten sie immer wieder. Am Anfang reagierte sie auf der Fahrt nicht, dann, nach einer halben Stunde, kam sie langsam wieder zu sich. Ich blieb die Nacht über bei ihr. Sie blieb drei Tage lang im Krankenhaus. Alles war wieder in Ordnung, ganz normal.«

Die zweite Krise ereignete sich, als das Kind ein Jahr alt war. Die Familie war zwei Monate vorher in eine andere Stadt gezogen. Die Mutter: »Es war am Anfang an dem neuen Ort schwierig. Nur Arbeit. Dieser Tag fing ganz normal an. Mittags machte ich gebakkene Kartoffeln. Sie aß viel. Wir saßen dann im Wohnzimmer, es war Viertel nach eins. Plötzlich spürte ich ihre Anwesenheit nicht mehr. Sie lag bewegungslos auf dem Boden, die Augen nach oben gedreht. Ich schüttelte sie. Wieder dachte ich, daß sie etwas verschluckt hätte. Wir hatten noch kein Telefon, so bat ich einen Nachbarn, einen Arzt zu rufen.« Vater: »Du mußt sagen, daß du sie geschüttelt und ihr auf den Rücken geklopft hast.« Sie: »Der Arzt kam, und während er sie untersuchte, fing sie an zu reagieren. Das ganze dauerte vielleicht 25 Minuten. Sie schlief an diesem Tag viel.« Auf die Frage, ob sie danach irgendwelche Ängste gehabt hätte, sagte die Mutter: »Ja, ich hatte Angst, aber sie schlief ruhig.«

Die dritte Krise ereignete sich fünf bis sechs Monate später. Die Mutter: »Ich war zu Hause (sie meinte damit im Haus ihrer Eltern), weiß nicht mehr genau, wann es war. Es war in der Nacht. Sie wachte zwischen Viertel nach eins und halb zwei auf und weinte. Ich ging in die Küche, um ihr Tee zu machen, und legte sie dann wieder hin. Zehn Minuten lang war alles ruhig. Dann hörte ich wieder diesen Ton. Ich machte das Licht an. Ihre Augen waren wieder nach oben gedreht, und sie zitterte am ganzen Körper. Ich nahm sie auf meinen Schoß. Ich rief meine Eltern. Meine Mutter schüttelte sie immer weiter. Nach 15 Minuten fing sie an zu reagieren. Sie hatte auch hohes Fieber. Am Morgen gingen wir mit ihr zum Doktor. Er fand nichts, gab ihr aber ein Beruhigungsmittel.«

Die Eltern erwähnten Sprachprobleme ihrer Tochter. Der Vater: »Sie gibt oft nur einzelne Worte von sich, keine zusammenhängenden Sätze. Aber sie kann allein spielen und sich beschäftigen. In der Zeit der dritten Krise weinte sie jeden Tag zwei Stunden, etwa zehn (!) Monate lang.« Die Mutter fällt ihm ins Wort: »Nur 15 Minuten.« Der Vater: »Sie hatte auch Wutanfälle.« Mutter: »Wenn sie etwas will und ich nicht verstehe, was es ist, wird sie wütend. Das ist heute noch so.« Vater: »Ich kann sie nicht auf den Schoß nehmen, sie läßt es nicht zu.«

Gleich zu Beginn des Interviews entschuldigte sich der Vater für das »billige« Mobiliar des Zimmers. Die ganze Einrichtung sei nur eine Übergangslösung. Das klang so, als schäme er sich, nicht wohlhabend zu sein, und müsse sich dafür entschuldigen.

Die Eltern haben wohl keine sehr starke Verbindung miteinander, sie gestehen sich dies aber ein. In ihrer Beziehung wechselt gegenseitige Abwehr ständig mit Fürsorglichkeit. Beide gehen mit ihrer Lebenssituation realistisch um. Der Junge zeigte in früheren Jahren deutliche Anzeichen von autistischen Verhaltenszügen, die an seinem Sprachverhalten noch wahrnehmbar sind. Die nachträgliche Durchsicht der Krankenhausunterlagen ergab, daß die erste PKT-Episode des Mädchens als möglicherweise ein epileptischer Anfall mit erstickungsähnlichen Begleiterscheinungen eingestuft worden war; später wurde eindeutig »Epilepsie« diagnostiziert. Die seelische Verbundenheit der Mutter mit ihrer Tochter ist offensichtlich der Grund dafür, daß sie stets in der Nähe war, wenn das Kind ihre Hilfe zum Überleben brauchte. Der Vater hat zwar intellektuelles Verständnis, bleibt aber emotional auf Distanz zu seinen Kindern.

(2) Frau BB., 29 Jahre alt, Vater 32. Der Junge, der mehrere Plötzliche-Kindstod-Krisen hatte, war ihr Erstgeborener. Die Eltern hatten neun Jahre lang umeinander geworben. Nach der Heirat wollten sie Kinder, und so wurde Frau BB. bald schwanger. Im dritten Monat der Schwangerschaft bekam sie plötzlich eine Blutung. Der Arzt sagte, daß möglicherweise ein Zwilling »ausgestoßen« worden sei. Am Anfang des siebten Monats bekam Frau BB. eine Beckenentzündung und wurde mit Antibiotika behandelt. Abgesehen von diesen Krisen fühlte sie sich während der ganzen Schwangerschaft gut und ging auch ihrer Arbeit nach. Sie ging erst ins Krankenhaus, als die Wehen schon eingesetzt hatten, und gebar das Kind innerhalb von eineinhalb Stunden. »Es war ein gutes Gefühl, als sie mir mein Baby gaben. Er machte einen guten Eindruck – er schrie.«

Erste Krise: Das Kind wurde an einem Samstag geboren. »Ich stillte ihn am Mittwoch gegen vier Uhr nachmittags in der Klinik, als er plötzlich blau wurde. Ich rief die Schwester. Er war wie Blei, alles an ihm fühlte sich wie ein lebloser Gegenstand an. Es dauerte zehn Minuten, bis sie kamen. Sie schüttelten ihn einfach, taten nichts. Sie dachten, ich hätte mir alles nur eingebildet.«

Zweite Krise: »Am Freitag der gleichen Woche, wieder gegen vier Uhr, wurde er blau. Diesmal war jemand im Zimmer und rannte zu den Schwestern. Sie schüttelten ihn, er war wieder blau. Nach zehn Minuten wurde er wieder normal. Der Arzt verlegte ihn ins Kinderkrankenhaus. Er blieb eine Woche dort, ich war tagsüber die ganze Zeit bei ihm.« Der Untersuchungsbefund war normal.

Der Junge schlief viel, wachte nicht leicht auf, weinte nur ab und zu kurz. Er schlief zwischen den Mahlzeiten. Er lächelte selten. Während der ersten vier Tage in der Klinik wurde er gestillt, was aufhörte, als er ins Kinderkrankenhaus verlegt wurde. Er habe gut gesaugt, heißt es, und nie Schnupfen gehabt. Mutter: »Viele sagten, daß er während dieser ersten sieben Monate schwach ausgesehen habe, blaß und müde. Mit dem achten Monat wurde er stärker. Wenn ich ihn jetzt mit den Zwillingen vergleiche (danach geboren), dann war er wirklich schwächlich.«

Frau BB. wurde während dieser ersten Monate wieder schwanger und gebar Zwillinge (zwei Mädchen), als ihr Sohn erst elf Monate alt war. Vater: »Wir waren überrascht, aber es war gut.« Mutter: »Ich hatte Angst nach den Geschehnissen mit ihm, aber alles ging gut.« Die Geburt dauerte eine halbe Stunde. Da ihr Sohn so viel schlief, blieb ihr Zeit für die Zwillinge.

Die dritte Krise ereignete sich, als der Junge fünfeinhalb Monate alt war. Beide Eltern waren zu Hause. Der Vater hatte Urlaub. Früh am Morgen gegen acht Uhr begann das Kind zu weinen. Das Weinen wurde immer lauter, »als ob er Schmerzen hätte. Wir dachten, daß er vielleicht Zähne bekäme. Dann wurde er sehr blaß. Wir schüttelten und schüttelten ihn. Er brach alles heraus und hörte auf zu schreien. Dann drehten sich seine Augen nach oben, und er wurde schlaff, fast so, als würde er schlafen. Wir riefen den Arzt an.« Die Eltern sprachen gemeinsam, einander ergänzend. »Er war nicht da, so riefen wir einen anderen an. Als wir im Auto zu seiner Praxis fuhren, kam das Kind zu sich.« Mutter: »Ich hatte wirklich Angst, daß er sterben könnte. Der Arzt fand nichts, und so fuhren wir wieder ins Kinderkrankenhaus. Sie machten ein EEG. Man sagte uns, es sei alles in Ordnung.«

Eine Zeitlang schauten wir Fotos von ihrem Sohn an. Mit vier Monaten sah er traurig aus, mit neun Monaten aber glücklich und lebendig. Mutter: »Wenn er seinen Kopf irgendwo anstößt, wird er weiß und ringt nach Luft. Aber nur einen Augenblick. Man bekommt Angst. Er ist am Nachmittag immer noch viel müde.«

Beide Eltern beschrieben die Beziehungen zu ihren eigenen Eltern und Familien als glücklich. Die Eltern unterstützen sich gegenseitig ohne Dominanz. Sie sind liebevoll zueinander und drükken dies auch ihren Kindern gegenüber aus. Sie nehmen andere Menschen wahr in dem, was sie tun und fühlen. Sie beschönigen ihr Urteil über das unsensible Verhalten der Schwestern und Ärzte im ersten Krankenhaus nicht, scheinen dabei jedoch von Groll und Vorwürfen frei zu sein. Es wird nichts von einem starren Blick des Kindes berichtet. Die Symptome des Kindes weisen auf eine vasomotorische Störung hin und gehören offenbar nicht zum Syndrom des Plötzlichen Kindstodes.

(3) Frau CC., 28 Jahre alt, Vater 42. Die Krise ereignete sich, als ihre Tochter sechs Wochen alt war. Die Schwangerschaft war nicht geplant. Die Mutter wollte abtreiben. Sie wollte keine Kinder. Der Ehemann überzeugte sie, daß Abtreibung schlecht sei. »Er wußte besser, was für das Kind gut war. Er sagte, ein Kind sucht sich seine Eltern aus, und eine Abtreibung würde das verhindern.« Vater: »Kurz bevor wir wußten, daß sie schwanger war, wollte ich unsere Beziehung beenden. Aber ich wollte keine Abtreibung. Ich war glücklich darüber, ein Kind zu haben.« Die Eltern heirateten einen Monat vor der Geburt des Kindes. Mutter: »Ich hatte keine Erwartungen, was während der Schwangerschaft und danach sein würde. Eine junge Frau sagte zu mir, ›du kannst dir nicht vorstellen, wie es sein wird‹ (ein Kind zu haben), so wartete ich einfach und ließ mich überraschen.«

Die Geburt war sehr schmerzhaft, dauerte acht Stunden, die Wehen waren schwach. »Sie weinte nicht viel. Schlief tief, wachte nicht leicht auf, aber lächelte. Ich betrachtete sie im Krankenhaus, sie schnitt Grimassen und war sehr lebendig, schaute überall herum, als ob sie alles beobachtete. Ich war glücklich.« Über den Tag der Krise berichtet die Mutter: »Sie war sechs Wochen alt, hatte noch nicht zu ihrem eigenen Rhythmus gefunden. So weckte ich sie nicht für eine Mahlzeit, wenn sie noch schlief. Sie schlief sechs

Stunden. Ich fütterte sie um zwei Uhr nachmittags, nein um drei Uhr, ich weiß nicht mehr genau. Am Abend ging ich die Treppe hinunter, als sie plötzlich wie verrückt zu schreien anfing, vielleicht zehn Minuten lang. Ich ging dann hinauf (nach zehn Minuten!) und nahm sie hoch. Plötzlich ließ sie ihre Arme fallen. Sie war vollkommen weiß im Gesicht und atmete nicht. Ich wußte nicht, was ich machen sollte. Ich rannte mit ihr hinunter zu meinem Mann. Sie fing wieder an zu atmen, war aber immer noch weiß. Ich hielt sie aufrecht. Er klopfte sie auf den Rücken und ging dann schnell mit ihr an die frische Luft. All das dauerte ungefähr 15 Minuten. Sie war schwach, ich gab ihr eine Flasche, hatte das Gefühl, daß sie wieder aufhören würde zu atmen. Sie stieß die Luft heraus, atmete aber nicht ein. Ich legte sie auf meine Schulter, band sie mit dem Tragetuch auf meinen Rücken. Nach einer Weile wurde es besser. Ich fühlte mich sehr unsicher. Legte sie zum Schlafen hin und beobachtete sie. Danach sah ich jede halbe Stunde nach ihr.«

»Ich glaube nicht, daß es im Schlaf passiert, nur beim Aufwachen oder beim Einschlafen. Ich glaube, daß ein Säugling nicht automatisch atmen kann. Ich hatte Angst und sprach mit anderen Frauen darüber. Sie wußten etwas über solche Dinge, sagten, daß ihre Kinder auch schon so etwas gehabt hätten. Zehn Tage später ging ich zu einer Ärztin. Sie wußte nichts darüber. So ging ich ins Krankenhaus. Sie machten ein EEG. Es war normal ... Bis zum Alter von drei Monaten kam es ein paar Mal vor, daß sie unregelmäßig atmete. Ich dachte oft, sie würde ganz aufhören zu atmen, aber das ist nie passiert.«

Über ihre allgemeinen Eindrücke von diesem Kind sagt die Mutter: »Ich hatte das Gefühl, daß sie nicht ganz da war, unberührbar, unerreichbar. Alle vier Wochen überkam mich so ein Gefühl. Es gibt Leute, die spinnen, die sind nicht ganz mit den Füßen auf dem Boden. Es war, als würde sie (die Tochter) schweben. All das hörte auf, als sie drei Monate alt war. Jedes Mal, wenn ich meine Periode hatte, war sie appetitlos, freudlos und quengelig. Das muß mit meiner Milch zu tun gehabt haben. Ich stille sie immer noch.« Das Kind ist zum Interviewzeitpunkt achteinhalb Monate alt. »Es muß also an meiner Milch gelegen haben (während der Menstruation). Die Milch schmeckte ihr nicht. Jetzt stille ich sie nur noch morgens. Als sie das letzte Mal unerreichbar schien, war sie nicht ganz so freudlos und nörgelnd.«

Der Vater hat dieses Gefühl der »Unerreichbarkeit« nie gehabt: »Im Gegenteil, nicht im geringsten.« Die Mutter: »Als wäre sie nicht ganz hier auf der Erde.« Mutter: »An den der Krise vorausgehenden Tagen hatte sie schon viel geschlafen. Hatte nicht viel Hunger. Erst danach hielt ich einen festen Rhythmus von vier Stunden ein und weckte sie dafür auf.« Vater: »Das ging so bis zu ihrem siebten Monat. Seitdem ist sie tagsüber wach. Aber da bekam sie zu wenig Schlaf, so daß wir sie in der Nacht wieder durchschlafen ließen. Für meine Frau war das eine harte Zeit.« Mutter: »Das ist nicht wahr…, doch, ja; es war hart… Ihr Schreien war anders, panikartig. Es kam noch ein paarmal vor, daß ihre Atmung aufhörte.« Vater: »Es gab lange Pausen, tiefes Nach-Luft-Schnappen, dann fing sie wieder an zu atmen.« Mutter: »Ihre Atmung war dann ganz anders. Sie atmete aus, aber nicht richtig ein.« Bei diesem Teil des Interviews war das kleine Mädchen anwesend. Der Vater spielte mit ihr. Sie war sehr lebhaft mit ihm und lachte viel. Er zeigte deutlich starke Gefühle zu ihr. Der starrende »Radar-Blick« war sehr ausgeprägt.

Auf die Frage nach Ängsten in der Zeit vor der Geburt sagt die Mutter: »Ja, ich hatte Angst vor der Geburt. Die Dinge waren nicht klar, nicht greifbar, ich wußte nicht, was mich erwartete, alles war anders, neu.« Vater: »Du hattest Lebensangst.« Sie: »Die habe ich immer noch.« Vater: »Vor dem Krankenhaus und auch dort noch gab es viele Probleme. Im Krankenhaus kam es für sie zu einer positiven Veränderung. Ich fürchtete, daß meine Erwartungen eine Last für das Kind werden könnten, daß meine Frau sich wegen dieser Erwartungen durch das Kind eingeengt fühlen könnte. Die Probleme der Eltern können durch das Kind zum Ausdruck kommen. Die Pflichten, die sich so ergeben, würden meine Frau, so fürchtete ich, an der Verwirklichung ihrer eigenen Ambitionen hindern. Die Woche im Krankenhaus gab mir dann das Gefühl, daß es nicht so kommen würde. Aber die Befürchtungen kamen später wieder. Ich versuchte, meine Frau dazu zu bewegen, die Verantwortung auf sich zu nehmen, die sich aus der unmittelbaren Gegenwart ergab.«

Auf die Fragen, wie das Kind aufwachte, sagt der Vater: »Wenn ich die Treppe hinaufgehe, ist sie wach, fängt aber an zu schreien.« Mutter: »Ihre Schlafphasen sind die gleichen geblieben. Wenn sie um halb zwei in der Nacht aufwacht, bleibe ich zwei Stunden bei ihr, sonst würde sie schreien ... Mit vier Wochen hatte sie Schnupfen. Es machte ihr nichts aus. Kürzlich (letzten Monat) hatte sie wieder Schnupfen, der jetzt fast überstanden ist, aber jetzt setzt es ihr zu.« Auf Fragen nach dem Lächeln des Kindes sagt der Vater: »Nach ihrer Geburt hatte man den Eindruck, daß sie alles um sich herum beobachtete. Sie suchte sehr früh nach Augenkontakt, im Vergleich mit meinen anderen Kindern.« (Der Vater hatte Kinder in einer früheren Ehe.) Die Mutter ergänzt: »Sie war immer freundlich, weinte nie, nur wenn sie schlafen gelegt wurde. Einer anderen Frau fiel auf, daß man ihre Hand halten mußte, damit sie einschlafen konnte.«

Vater: »Ich hatte das Gefühl, ihr Seelisches bittet, wiederkommen zu dürfen. Das war von Anfang an so. Es war ein starker Eindruck. Wenn ich sie jetzt hinlege, schläft sie gerne ein. Aber es hängt von ihrer Stimmung ab. Wenn sie nicht dazu bereit ist, kann sie eine ganze Stunde weinen. Als sie Schnupfen hatte, trug ich sie herum, wiegte sie, bis sie einschlief. Meine Frau hatte damals das Gefühl, daß ich ihr zeigen wollte, ich sei besser als sie, denn bei ihr steigerte sie sich immer in Wut hinein.« Die Mutter wehrt ab: »Sie beruhigte sich auch dann, wenn er (der Vater) nicht da war.«

Über ihren eigenen Schlaf sagt die Mutter: »Mein Schlaf ist sehr leicht. So war es auch während der Schwangerschaft.« Vater: »Mein Schlaf ist sehr tief, man könnte mich aus dem Haus tragen. Aber keiner von uns geht ins Bett, ohne zu denken: ›Atmet sie?‹ Aber ich habe jetzt mehr Vertrauen in ihren Lebenswillen. Sie hat Kraft. Als es geschah, war sie sehr schwach. Man konnte sie anregen, aber was die Lebensenergie angeht, so war sie schwach. Die Gefahr war, daß wir zu viel von ihr verlangen könnten.« Mutter: »Mir scheint, die ganze Sache hat mit mir zu tun. Wenn meine Aufmerksamkeit auf sie gerichtet war, war alles in Ordnung. Sie weinte, wenn ich sie vergaß oder wenn ich nicht im Haus war, dann schrie sie. Das war jeden Donnerstag so, wenn ich in die Chorprobe ging und überhaupt nicht an sie dachte. Er war dann bei ihr. Dieses Gefühl blieb, bis sie sechs Monate alt war. Dann hörte es auf.« Die Mutter berichtet, daß sie in ihrer Kindheit keinen Kontakt zu ihren Eltern gehabt hätte. »Es war so, als ob ich in der falschen Familie gewesen sei.«

Die Spannung zwischen den Eltern ist sehr offen, wird von ihnen selbst aber verleugnet. Der Vater verhält sich gegenüber seiner Frau paradox. Auf der einen Seite ist er väterlich, weiß aufgrund seiner Lebenserfahrung und seiner Ausbildung immer alles besser. Auf der anderen Seite ist er auf subtile Weise vorwurfsvoll und wirkt dadurch einschränkend und strafend. Dies wird übertüncht durch seine »väterliche« Haltung. Die Frau kämpft dagegen an, doch seine Fürsorglichkeit wirkt entwaffnend und läßt ihr wenig Spielraum. Die grundsätzlich strafende Haltung des Vaters trotz seines scheinbaren Interesses an Selbstverwirklichung ist vielleicht der Grund dafür, daß er das Weinen seiner Tochter nicht beruhigen kann. Die Rolle, die er bewußt zu spielen versucht, steht in Widerspruch zu seiner unbewußten Feindseligkeit. Auch die Mutter ist oft gefühlsmäßig nicht da; sie ist aber in der Lage, das intellektuell zu erkennen. Ihre Selbstablehnung und ihren Selbsthaß versteckt sie hinter physiologischen Erklärungen: Sie meint, es liege an der Milch, wenn das Kind während ihrer Periode ablehnend reagiert; wahrscheinlich aber spürt das Kind, daß die Mutter ihren eigenen Körper ablehnt. Beide Eltern bemerken, daß ihre Tochter weint, wenn die Mutter donnerstags weg ist, und sehen darin eine Bestätigung für die Wichtigkeit der Mutter. Diese Interpretation mag das »Selbstwertgefühl« der Mutter stützen, verhindert aber ein Verständnis dafür, warum dieser »freundliche und warme« Vater nicht in der Lage ist, sein Kind zu beruhigen, wenn er mit ihm allein ist. Die strafende Haltung, die er während des Interviews ausstrahlt, muß mit den feindseligen Gefühlen zu tun haben, die durch seine selbstauferlegte Retter-Rolle in ihm entstehen. Beide Eltern haben in ihrer Kindheit an mangelnder Zuwendung ihrer Eltern gelitten. Während die Mutter dies für sich erkennt, ist sich der Vater nicht bewußt, daß er durch das Leiden seiner Mutter in die Rolle des Retters gedrängt wurde. Ich vermute, daß die Wurzeln seiner Feindseligkeit hier zu finden sind; sie wird jedoch in der Gegenwart ständig genährt durch das Festhalten an der Retter-Rolle, die ihn auch in diese Ehe gedrängt hat (er heiratete nicht aus Liebe, sondern aus Pflichtgefühl gegenüber einem ungeborenen Kind). Die unbewußte Wut dieses Mannes ist sehr groß, wird aber ständig verdeckt durch ein kompensatorisches Verhalten, das heute stark durch seine berufliche Rolle gefärbt ist.

(4) Frau DD., 31 Jahre alt, Vater 33. Ihr zweites Kind, ein Junge, hatte vier Krisen. Ihr erstes Kind, ein Mädchen, das jetzt drei Jahre alt ist, kam überraschend, denn der Arzt hatte ihr gesagt, sie könne keine Kinder bekommen. Vater: »Wir merkten es erst, als sie im vierten Monat war. Das war ein schlechter Zeitpunkt. Wir waren nicht darauf vorbereitet. Es wurde kritisch für die Mutter, ihrer Arbeit wegen. Wir waren glücklich, aber es paßte nicht in unsere Pläne. Ich kam damals nur am Wochenende nach Hause.« Mutter: »Die Schwangerschaft verlief sehr gut. Die Entbindung geschah durch Kaiserschnitt. Das Mädchen war sehr ruhig. Fast zu lieb, zu nett. Aber ich war trotzdem sehr unruhig. Ich schlief nie gut. Das Kind schlief tief. Sie wachte nie auf, wenn jemand das Zimmer betrat. Wenn sie schrie, dann brauchte sie etwas, und dann klang es kläglich. Sie lächelte viel. Schaute sehr intensiv, nahm alles in sich auf. Man hatte das Gefühl, sie schaut durch einen hindurch. Ich stillte sie, bis sie zehn Monate alt war, danach noch teilweise bis zu einem Jahr.«

Die Schwangerschaft des Jungen war geplant. Zur Zeit des Interviews war er gerade ein Jahr alt. »Am Anfang der Schwangerschaft ging es mir nicht gut. Die ersten vier Monate war mir häufig übel, und ich hatte oft Kopfweh. Immer noch waren wir nur an den Wochenenden zusammen. Wir sprachen darüber, aber das änderte nichts.« Vater: »Sie war deswegen nicht böse auf mich, aber es bedrückte sie doch. Mich auch. Aber wir hatten auch weniger Probleme, weil ich nicht da war.« Als der Junge gerade sechs Monate alt war, zogen die Eltern um. Vielleicht hat es Bedeutung, daß beide sich über das Datum dieses Umzugs irrten: Obwohl er erst ein halbes Jahr zurücklag, gaben sie an, er habe vor drei Jahren stattgefunden. Genau zum Zeitpunkt dieses Umzugs kam es zur ersten PKT-Krise.

Mutter: »Die Geburt war schwierig. Wieder ein Kaiserschnitt. Man sagte mir, meine Gebärmutter wäre nahe daran zu platzen. Seine Herztöne waren nicht mehr zu hören. Die Ärzte dachten, er wäre schon tot. Ich wollte keinen Kaiserschnitt, aber sie sagten, mein eigenes Leben hänge davon ab. In diesem Augenblick war es mir egal, ich hatte so furchtbare Schmerzen. Danach ging die ersten Tage alles gut. Der Kleine reagierte gleich auf mich, aber seine Augen waren sehr müde. Wir waren zehn Tage lang im Krankenhaus. Er war drei Tage in Isolation, die Operation hatte ihn sehr mitgenommen. Er hatte einen ungewöhnlich großen Oberkörper. Er atmete schwer. Er bekam Sauerstoff. Sie mußten seine Lungen auspumpen, weil Flüssigkeit hineingekommen war. Sie sagten, seine Haut wäre wie ein Schwamm gewesen. Ich stillte ihn, sobald es mir besser ging. Eigentlich ging es mir erst nach zwei Monaten wirklich besser.«

Vater: »Meine Mutter war bei unserem Mädchen. Die Geburt war schrecklich. Sie war allein, weil ich immer noch in einer anderen Stadt arbeitete. Das kleine Mädchen freute sich auf ihren Bruder und war gern bei der Großmutter.«

Über die erste Krise berichtet die Mutter: »Es war am Ende des sechsten Monats, an einem Wochenende morgens gegen neun Uhr. Er wimmerte wie immer. Ich wollte ihn stillen. Zum ersten Mal hatte er keinen Appetit. Er schrie dann ziemlich laut, aber nicht lange. Wir hatten Probleme, mit einem Nachbarn und seiner Stereoanlage. Wir nahmen deswegen das Baby mit uns ins Bett. Er brauchte einige Zeit, um einzuschlafen, aber dann schlief er gut und tief. Er wachte nicht leicht auf. Ich konnte ihn hochnehmen, ohne daß er etwas merkte.« Vater: »Seine Augen waren dann offen, aber sein Blick war leer. Er war nicht zufrieden. Sein Wimmern zeigte, daß er wach und hungrig war. Normalerweise nahm ihn meine Frau, aber diesmal nahm ich ihn hoch und brachte ihn zu unserem Bett. Wir dachten, er sei naß. Meine Frau legte ihn hin. Ich bemerkte, daß er nicht richtig reagierte. Sonst lachte er ... Ich konnte ihn nicht zum Lachen bringen. Er hatte bereits Schwierigkeiten beim Atmen. Es rasselte in seiner Kehle, und er schnappte nach Luft. Mir schien, daß er nicht genug Luft bekam. Als er gewickelt war, hörte er auf zu atmen, seine Arme und Beine fielen herab, und er schloß seine Augen. Er wurde totenblaß. All das dauerte zehn Sekunden.« Mutter: »Ich rief ihn. Keine Reaktion. Ich massierte seine Fußsohlen mit einer Bürste. Keine Reaktion. Ich packte ihn an den Beinen und schüttelte ihn. Keine Reaktion. Ich goß ihm kaltes Wasser über den Kopf. Keine Reaktion. Ich bewegte heftig seine Arme, er reagierte nicht. Wir zogen uns an, wir hatten noch kein Telephon, da wir gerade eingezogen waren. Wir ließen das Mädchen bei einer Nachbarin, deren Mann uns zu einem Arzt fuhr. Dort, im Auto, öffnete das Kind die Augen. Mein Mann hielt ihn ganz nah bei sich. Das Ganze hatte vielleicht 15 oder 20 Minuten gedauert. Die ganze Zeit über hatte er nach

Luft gerungen, als wenn ihn etwas gewürgt hätte. Als wir beim Krankenhaus ankamen, begann er zu lachen. Alles war vorbei. Die Untersuchung ergab nichts. Er war den ganzen Tag nervös und niedergedrückt. Er schlief, und wir schauten alle fünf Minuten nach ihm. Danach bekamen wir Angst. Das übertrug sich auf ihn, bevor er später wieder schlafen gelegt wurde. Deswegen konnte er später nicht mehr einschlafen. Davor hatte er sein eigenes Zimmer gehabt. Ungefähr jede Stunde hatten wir das Gefühl, daß wir ihn beeinflußten. Sobald mir der Gedanke kam, ›lebt er noch?‹, fing er an zu schreien. So nahmen wir ihn in unser Schlafzimmer. Er wollte einfach neben mir sein, mich spüren. Vielleicht lag es daran. Jetzt schläft er zwischen uns. Für uns war es die Frage, wie wir ihm ein Gefühl der Sicherheit geben konnten. Deswegen war er in unserem Bett. Nach zwei Monaten legten wir ihn wieder in sein Zimmer. Jetzt schläft er in seinem Zimmer ein, dann schreit er, und wir nehmen ihn zu uns. Ab und zu schläft er durch, und ich bringe ihn am Morgen in sein Zimmer zurück. Oder ich lege ihn neben seine Schwester. Sie schlafen gut zusammen.«

Später berichtete die Mutter: »Wir waren gerade ein paar Tage vorher umgezogen. Wir ließen ihn allein im Haus – er schlief gewöhnlich in der Mittagszeit –, um einkaufen zu gehen. Als wir zurückkamen, hörten wir ihn schreien. Eine Nachbarin erzählte uns, daß er schon seit einer ganzen Stunde geschrieen hätte. Aber sonst schlief er immer zwei Stunden lang. Er beruhigte sich, als wir kamen. *Es war das allererste Mal, daß niemand auf sein Schreien reagiert hatte.* Sein Schreien war normal. Aber an diesem Abend wollte er meine Brust nicht nehmen. Am nächsten Tag war diese erste Krise, und meine Milch blieb vollständig weg. Ich konnte ihn danach nicht mehr stillen. Jetzt läßt er mich nicht mehr los, ich soll ihn ständig tragen und mit ihm spielen; andernfalls wird er ungeduldig.«

Vater: »Er kostet uns Nerven.« Auf die Frage, wie die Schwester mit all dem zurechtkommt, sagt die Mutter: »Sie hält sich sehr zurück. Sie sagt nichts, aber sie hat sehr oft Schweißausbrüche. Als ich meinen Sohn stillte, stand sie öfters neben mir und schwitzte furchtbar. Ich versuchte ihr zu erklären, warum er bei uns schläft. Manchmal kommt sie zu uns. Und dann scheint alles in Ordnung zu sein. Wir nehmen sie morgens zu uns ins Bett. Sie sagt, sie möchte meinen Atem spüren. Ich fürchte, daß meine Angst auf ihn übergreifen könnte. Er ist jetzt ruhiger. Er ist sehr lebendig. Er kann nicht still sitzen. Er ißt nur Süßigkeiten. Seiner Schwester macht das Schwierigkeiten. Er braucht sehr viel Zärtlichkeit. Er leckt mich überall ab. Sie hat das nie getan, sie berührt mich nie, ist ziemlich entfernt von mir. Nur seinetwegen hat sie jetzt mehr Körperkontakt mit uns. Er kämpft, so sehr er nur kann, wenn etwas gegen seinen Willen geht. Er beißt mich ins Bein, damit ich bei ihm bleibe. Vor der ersten Krise war er mehr wie sie. Alles war normal. Erst danach kam er mir näher.«

Vater: »Ich dachte, warum will er sein Leben verschenken? Ich bin von ihm enttäuscht. Es muß mit der Geburt zu tun haben, dem Streß, dem Schock, der Angst. Deswegen kann so etwas geschehen, wenn er tief schläft.« Mutter: »Er ist nicht mehr bereit, uns anzunehmen. Auf der anderen Seite bin ich froh, daß wir es überlebt haben.«

Die zweite Krise ereignete sich einen Monat später. Die Mutter: »Als ich ihn um neun Uhr morgens aus dem Bett holte, war er wie Blei. Seine Arme und Beine waren wie Blei. Er hörte auf zu atmen. Ich warf ihn aufs Sofa wegen der Schockwirkung, und er öffnete seine Augen. Alles war wieder in Ordnung.«

Nach einem weiteren Monat hatte das Kind die dritte Krise. Die Mutter: »Als er aufwachte, weinte er kläglich wie immer. Dann reagierte er nicht mehr. Ich schüttelte ihn, und er kam sofort wieder zu sich. Das ganze dauerte eine Minute. Danach ging alles gut.«

Ein viertes Ereignis beschreiben die Eltern folgendermaßen, Mutter: »Einmal weinte er um zwei Uhr nachts. Man konnte ihn nicht beruhigen. Er schnitt lauter Grimassen.« Vater: »Es schien aus seiner tiefsten anfänglichen Angst zu kommen.« Mutter: »Es war ein ganz anderes Schreien, voller Angst und Bitterkeit. Wir riefen nach einer Viertelstunde den Arzt, aber als er ankam, war es vorbei. Der Doktor meinte, es wäre der Anfang einer Ohrenentzündung. Aber zu der ist es nie gekommen.« Einige Zeit vorher war im Krankenhaus ein EEG gemacht worden, ohne Befund.

Die Mutter ist das jüngste von acht Geschwistern. Die Beziehung zu ihrer Mutter beschreibt sie als eng, viel enger als bei den Geschwistern. »Ich stehe meiner Mutter immer noch sehr, sehr nahe. Nach der Heirat lebte ich eine Weile bei ihr.« Der Vater hat einen älteren Bruder. Er beschreibt die Beziehung zu seinen Eltern als zunächst gut, in den letzten Jahren jedoch sehr negativ. Im Alter von 16 brach er alle Bindungen ab. »Ich konnte ihre Kämpfe nicht mehr ertragen, so zog ich mich von beiden zurück.«

Was mir an diesen Eltern zuerst auffiel, war die geradezu demonstrative Zärtlichkeit, mit der sie einander behandelten. Sie küßten sich häufig vor dem Interviewer und ihrem älteren Kind. Das wirkte jedoch als Fassade. Es war unmöglich, direkten Zugang zu ihren Gefühlen zu finden. An Träume konnten beide sich nicht erinnern. Ihr Verhalten jedoch gibt Hinweise auf die wirklichen Probleme. Sie lassen ihr sechs Monate altes Kind (am Tag vor der ersten Krise) allein zu Hause, um Einkaufen zu gehen – in einem Haus, das sie gerade erst bezogen hatten. Ganz sachlich stellt die Mutter fest: »Es war das erste Mal, daß niemand auf sein Schreien reagiert hat.« Dieses Schreien hat immerhin eine ganze Stunde gedauert. Der Vater sagt, daß das Kind »Nerven kostet«, und ist »enttäuscht über seinen Mangel an Lebenswillen«.

Auf fundamentale Beziehungsprobleme in der Familie deutet hin, daß die Tochter Schwierigkeiten hat, die Nähe der Eltern zu suchen und daß der Sohn die Mutter beißt, um seinen Willen durchzusetzen. Der zur Schau getragenen zärtlichen Verbundenheit der Eltern widerspricht auch, daß sie weitgehend getrennt leben, daß die Mutter im Haus ihrer Eltern lebt, statt zu ihrem Mann zu ziehen, und daß der Vater die offensichtliche Misere seiner Frau völlig ungerührt hinnimmt. Seine Aussage, sie hätten auf diese Weise »weniger Probleme« gehabt, ist Ausdruck des Ausweichens vor zwischenmenschlichen Konflikten und nicht die Bereitschaft, sie gemeinsam zu meistern. Intellektuell allerdings sehen beide Eltern die Situation sehr klar. Der Eindruck einer tiefen Abgespaltenheit von den tatsächlichen Gefühlen wird dadurch noch verstärkt. Sie ist beim Vater größer als bei der Mutter. Seine »Enttäuschung« über den Sohn läßt uneingestandene, tiefe Ressentiments gegen das Kind vermuten.

(5) Frau EE., 32 Jahre alt, Vater 45. Ihr drittes Kind, ein Mädchen, das jetzt zweieinhalb Jahre alt ist, hatte mit sechs Monaten eine PKT-Krise.

Ihr erstes Kind, ein Sohn, jetzt acht Jahre alt, war geplant. Frau EE. hatte damals Schwierigkeiten gehabt, schwanger zu werden. Nach dem Krankenhausaufenthalt ging sie für zehn Tage zu ihren

Eltern. »Ich fühlte mich dort besser aufgehoben.« Das Baby war sehr ruhig, hat nicht viel geweint. »Er schlief von Anfang an durch (sechs bis neun Stunden), wachte nicht zwischendurch auf, wie alle unsere Kinder.«

Das zweite Kind, ein Junge, der jetzt sechs Jahre alt ist, war lebhafter als sein Bruder. Die Geburt wurde eingeleitet. Frau EE. stillte das Kind zehn Tage lang, dann blieb die Milch weg. Sie blieb zwölf Tage lang im Krankenhaus, »weil ich niemanden zu Hause hatte«. Der ältere Sohn war während dieser Zeit bei ihren Eltern.

Das dritte Kind war auch geplant. Die Geburt wurde auch diesmal eingeleitet, weil die Herztöne des Kindes schwächer geworden waren. Es war jedoch bei der Geburt nicht blau. Die Mutter blieb nach ihren eigenen Worten 14, nach den Angaben des Vaters zehn Tage im Krankenhaus, wegen der zwei Kinder, »die schon im Haus waren«. Wie die anderen Kinder schlief das neugeborene Mädchen durch, wachte in der Nacht nie auf. Drei Tage nach der Geburt bekam es Gelbsucht und wurde für drei Tage ins Kinderkrankenhaus verlegt, dann wieder zurück ins Krankenhaus der Mutter.

Auf die Frage nach dem Blick des Kindes sagte der Vater: »Unser Erster hatte einen Adlerblick. Seine Augen waren immer weit offen und sind es immer noch. Das Mädchen ist irgendwo dazwischen.« Tatsächlich hatte sie einen äußerst durchdringenden Blick, voller Angst, ließ den Interviewer nicht aus den Augen. Die Mutter hatte ihre Tochter fast während des ganzen Interviews auf dem Schoß. Als ihr Vater sie einmal berühren wollte, stieß sie ihn zurück.

Die Krise ereignete sich, als das Kind sechs Monate alt war. Vater: »Ich war mit ihr im Garten. Meine Frau rief uns zum Mittagessen. Ich legte sie in ihr Bett. Sie war wütend und schrie wie am Spieß. Ich dachte, es hat keinen Sinn neben ihrem Bett zu stehen. ›Laß sie schreien, das kräftigt ihre Lungen‹, dachte ich und ging zum Essen. Sie war ungewöhnlich zornig. Sie hatte noch nie so laut geschrieen. Plötzlich war alles still.« Die Mutter: »Wir aßen weiter, aber nach zehn oder 15 Minuten hatte ich so ein merkwürdiges Gefühl und ging in ihr Zimmer. Sie lag auf der Seite, ganz blau, ich packte sie und gab sie meinem Mann.« Vater: »Meine Frau schrie, daß etwas Schlimmes passiert sei.« Mutter: »Sie war völlig schlaff, ihr ganzer Körper.« Vater: »Erst dachte ich, es wäre nicht so schlimm. Dann schaute ich sie an und wußte, daß etwas nicht stimmte. Sie hatte keine Reflexe, war blau und bewußtlos. Mir fiel jedoch auf, daß ihr Herz schlug – eigenartig. Ich fühlte ihren Puls, ich konnte ihn sogar hören! Ich ging mit ihr an die frische Luft, bewegte ihre Arme rauf und runter. Ihr Atem ging keuchend, ich weiß nicht, ob sie das schon vorher hatte. Wir rannten zum Nachbarn, der ein Röntgenarzt ist. Er war nicht da. Meine Frau rief einen Kinderarzt an. Ich dachte, wir müßten uns selber helfen.« An diesem Punkt wollte mir der Vater mit seiner Tochter die Bewegungen zeigen, die er mit ihr gemacht hatte. Sie schrie fürchterlich. »Nach einer halben Stunde fing sie wieder an zu reagieren und richtig zu atmen.« Mutter: »Ihre Hautfarbe war wieder normal, und ihre Augen reagierten langsam wieder.« Sie waren mit der Tochter herumgerannt, die sie schief hielten, damit sie atmen könne, falls etwas in ihrer Kehle steckte. Die Mutter erreichte schließlich den Arzt, er konnte aber nicht sofort kommen. Er kam zwei Stunden später und weckte das Mädchen auf, das inzwischen eingeschlafen war. Sie schrie, und alles schien wieder normal. Danach wurde ein EEG und EKG gemacht, ohne Befund.

Hatten die Eltern Angst? Der Vater: »Im Augenblick ja, danach nicht – na ja, vielleicht ein bißchen. Ich hatte lange geglaubt, daß Kinder blau werden, wenn sie wirklich wütend sind. Entweder das Kind beherrscht mich oder ich das Kind.« Hatten Sie oft so ein Gefühl zu ihr? »Nein, es war das erste Mal.« Zu den anderen? »Das ist mir nicht so klar.« Warum zu ihr? »Ihr Zorn war größer.« Die Mutter: »Aber mit den Jungen gab es auch solche Momente!« Auf die Frage nach Träumen sagt die Mutter: »Ich habe nie viel geträumt.« Der Vater korrigiert: »Ich weiß, daß sie träumt. Sie redet oft im Schlaf, ruft und setzt sich manchmal im Schlaf sogar auf.« Auf die Frage nach seinen eigenen Träumen sagt er: »Ich weiß nicht.«

Vater: »Abends bin ich bei den Kindern. Ich gab ihr immer die letzte Flasche.« Da die Frau am Abend gut schlafen konnte, war der Vater bis Mitternacht für die Kinder da. »Danach war sie dran. Ich schlafe am besten am Morgen.«

Als das Interview fast zu Ende war, kam der Vater noch einmal auf die Krise zu sprechen: »Wenn ich zurückdenke, wenn sie gestorben wäre, dann hätte ich ... Ich war hart mit ihr in diesem

Augenblick. Ich fühlte, daß ich sie echt verletzt hatte, daß ich sie wirklich weggestoßen, wirklich zurückgewiesen hatte. Ich hatte ähnliche Fälle mit den Buben, aber zu ihnen war ich nie so hart. Ich hatte den Abend vorher gerade ein Buch über Kindererziehung gelesen, ›Kinder fordern uns heraus‹. Darin hieß es, man sollte nicht der Sklave des Kindes werden. Ich habe mittlerweile gedacht, daß vielleicht ein Zusammenhang zwischen all dem und dem Anfall bestanden hat. Ich erinnere mich, gesagt zu haben, ›lassen wir sie schreien, es ist ein Test‹. Mit den Jungen haben wir nie so etwas gemacht. Man wird härter mit den Kindern, und sie ist äußerst empfindlich. Ich hatte einmal einen Traum, in dem ich fiel und fiel und fiel. Vielleicht kann man mit einer derartigen Todesangst aufhören zu atmen.«

Der Vater ist mit seiner 13 Jahre jüngeren Frau und seinen Kindern etwas streng. Seine Verantwortung als Vater und Ehemann nimmt er sehr ernst. Die Strenge, die er ausstrahlt, wird durch die unbeschwertere Wesensart seiner Frau nicht gemildert. Sie läßt sich von ihm nicht einschüchtern, widersetzt sich aber auch nicht offen. Wenn er ihr widerspricht, antwortet sie nicht, fährt aber in ihrer Weise fort, anscheinend ohne Groll. Sie unterwirft sich nicht, kämpft aber auch nicht gegen ihn, sondern geht ihren eigenen Weg, ohne sich um ihn zu kümmern.

Das verstärkt vielleicht ein Gefühl der Entbehrung, das man an ihm spürt. Die Lektüre des Erziehungsbuches hat bei ihm offenbar feindselige Gefühle und verborgenen Groll an die Oberfläche kommen lassen. Daß das Kind ein Mädchen ist, mag dabei unbewußt eine Rolle gespielt haben; er selbst sagt jedenfalls, mit den Jungen sei er nie so hart umgegangen. Die »Unabhängigkeit«, die Frau EE. ihrem Mann gegenüber an den Tag legt, dürfte mit ihrer Abhängigkeit von ihren Eltern zusammenhängen und mit ein Grund für seinen zurückgehaltenen Groll sein.

Todesphantasien und Ambivalenz der Gefühle

Todesgedanken spielen bei den befragten Eltern mehr oder weniger deutlich eine auffallende Rolle. Lassen wir hier Familie K. aus den schon erwähnten Gründen außer Betracht (der Tod ihres Kindes fällt nicht in die diagnostische Kategorie des Plötzlichen Kindstodes), so haben von den verbleibenden 14 Eltern immerhin 13 selber berichtet, daß sie in der Zeit vor dem Tod ihres Kindes Phantasien oder Träume hatten, die um den Tod kreisten; manchmal waren es die Mütter, manchmal die Väter, manchmal auch beide Eltern.

Eine Ausnahme scheint Frau G. zu bilden, denn sie bestreitet, Todesphantasien oder Todesträume gehabt zu haben; ihr Verhalten und ihre Schilderung ihrer ersten Schwangerschaft deuten jedoch auf starke unbewußte Todeswünsche hin. Gegen die Deutung von Frau M.s Träumen als Todesträume wird man nur dann Einwendungen erheben, wenn man verkennt, daß es in diesen Flugträumen offensichtlich darum geht, das Kind zu verlieren. Bei Frau I. wiederum wird die Unterströmung unbewußter feindseliger Gefühle bis hin zum Todeswunsch gerade daran erkennbar, daß sie überhaupt keine Angst um ihr Kind hatte, obwohl dessen Gesundheitszustand immer wieder Grund zu ernster Sorge gab. Die übrigen Mütter berichteten von Gedanken an den Tod oder von Vorahnungen (10), von tiefer Depression (1) und/oder von eindeutigen Todesträumen (6).

Von den Vätern hatte Herr O. eine plötzliche Phantasie über den Tod seines Kindes, machte dafür aber seine ältere Tochter verantwortlich. Herr N. war sein ganzes Leben lang von Todesgedanken beherrscht gewesen; besonders intensiv wurden sie in der Beziehung zu seinem Sohn, von dessen Tod er im voraus träumte.

In allen Fällen handelt es sich um Mütter, die von ihrem empathischen Einfühlungsvermögen für ihre Kinder abgeschnitten sind. Oft traten feindselige oder ambivalente Gefühle zutage; sie richteten sich entweder speziell gegen das am PKT gestorbene Kind oder waren diesem gegenüber stärker ausgeprägt als gegenüber den Geschwistern.

Für Frau A. zum Beispiel war das gestorbene Kind »das Kind meines Mannes«; ähnlich war es bei Frau G., deren kleine Tochter mit dem Vater lachte, aber vor der Mutter Angst hatte. Frau B. bekam das PKT-Kind in einer Zeit, in der sie sich isoliert und entfremdet fühlte; das Haus und die Nachbarschaft bedrückten sie außerordentlich. Frau C. fühlte sich überlastet durch körperliche Anforderungen, die kurz vor der Schwangerschaft an sie gestellt wurden und bis nach dem Tod des Kindes blieben. Frau E. hatte das Gefühl, sich von ihrer vorangegangenen Schwangerschaft noch nicht erholt zu haben. Für Frau H. wurde die Schwangerschaft mit dem PKT-Kind zu dem Tropfen, der das Faß zum Überlaufen bringt; sie hatte sich immer leidend und schutzlos gefühlt, nun wurde der Leidensdruck überwältigend. Frau D. machte das Kind zum Objekt ihrer Verschmelzungswünsche, über das sie volle Kontrolle haben mußte; wenn die Bedürfnisse des Säuglings den ihren in die Quere kamen, steigerte sich ihre Wut. Frau J. und Frau E. empfanden die Kinder schon während der Schwangerschaft als Bedrohung für ihre eigenen Bedürfnisse nach Zuwendung und Fürsorge. Bei Frau F. führte die unbewußte Bindung an die Erwartungen ihrer Schwiegermutter in ein Crescendo der Unterwerfung, als diese ganz offen Todeswünsche gegen sie und ihre Kinder entwickelte. Frau L. mußte ihre eigenen Bedürfnisse abspalten und kann darum auch die ihres Kindes nicht wahrnehmen, sie bemerkte nicht einmal, daß es Fieber hatte. Frau M. wurde durch das Kind zur Ehe gezwungen und mußte seinetwegen ihre beruflichen Ambitionen aufgeben. Frau N. hungert nach Fürsorge, versteckt dieses Bedürfnis aber hinter ihrer zur Schau getragenen Stärke, die sich freilich hauptsächlich negativ äußert, als ständiges Nein-Sagen-Müssen. Ihr Ehemann fühlte sich durch den Sohn aus der Symbiose mit seiner Frau verdrängt. Frau O. kann nur wenig Wärme geben; sie braucht Beistand, wird aber böse auf ihren Mann, wenn er ihr Hilfe anbietet. All dies kann sie sich nicht eingestehen. Bei ihrem Mann wiederum ist ein dumpfer Groll die Kehrseite der Fürsorglichkeit.

Ein anderes Bild bieten die Eltern, deren Kinder nur beinahe am Plötzlichen Kindstod gestorben wären. Die für die Gruppe der PKT-Eltern kennzeichnenden Todesphantasien oder Todesträume finden wir bei ihnen ebenso wenig wie die unbewußte Ambivalenz gegenüber den Kindern und dem Ehemann; ganz allgemein ist die Unterdrückung der Gefühle weniger ausgeprägt. Vor allem die

Mütter drücken feindselige Gefühle oder Groll weitaus offener aus, statt sie unterschwellig am Kochen zu halten und zum Angelpunkt ihrer Selbstintegration zu machen. Diese Eltern sind also dem Durchschnittsbild menschlichen Verhaltens wesentlich näher. Es ist kaum anzunehmen, daß die auffallende Häufung von Todesgedanken einerseits und unterdrückter Wut andererseits in der Gruppe der PKT-Eltern purer Zufall ist. In einer repräsentativen Studie über 136 Elternpaare mit vergleichbarem sozialen Hintergrund (Mittelschicht) fanden sich Gefühle der Ablehnung gegenüber den Kindern nur bei 16 Prozent der Befragten (Thomas, Chess und Birch 1968). Die Abweichung von unserem Befund ist hochgradig signifikant und mit Zufallsstreuung nicht mehr zu erklären. Es spricht also einiges dafür, daß die von uns beobachteten Verhaltenszüge für PKT-Eltern typisch sind.

Gewiß ist unsere Vergleichsgruppe der Eltern von Beinahe-Opfern zahlenmäßig sehr klein. Aussagekraft gibt ihr jedoch die eindeutige Abgrenzung in der psychologischen Struktur. Die fünf Elternpaare der dem PKT entronnenen Kinder zeigen eine ganz andere Qualität der zwischenmenschlichen Beziehungen als die PKT-Gruppe. Mütter wie Väter gingen offener mit ihren Meinungsverschiedenheiten und ihren wechselseitigen Aggressionen um. Die Väter spielten nicht die Rolle einer überbehütenden Mutter; sie dominierten eher offen, gaben damit aber auch den Frauen Gelegenheit, offen zu rebellieren. Die Partner erwarten voneinander, daß jeder seine eigene Aufgabe erfüllt. Die Väter stehen nicht unter dem Zwang, den Mangel an Selbstwertgefühl bei ihren Frauen zu überbrücken. Die Mütter sind weniger passiv und in ihrer Persönlichkeit konturierter. Drei der fünf Väter berichten von feindseligen Gefühlen, die sie vor dem kritischen Zeitpunkt gegenüber dem beinahe am Plötzlichen Kindstod gestorbenen Kind gehabt hatten. Sie drückten diese Feindseligkeit aber offen aus und hatten keine Todeswünsche.

Die Interaktion zwischen Ehefrau und Ehemann

In den PKT-Familien spielten die Väter im Grunde den mütterlichen Part. Außer Herrn M. waren sie fürsorglicher und bejahender, sowohl den Kindern als auch ihren Ehefrauen gegenüber. Und es scheint, daß die Frauen sie eben dieser Eigenschaften wegen als Ehepartner gewählt hatten. Eine Mutter, Frau A., brachte das ganz deutlich zum Ausdruck: »Ich hatte Probleme, und das war die Grundlage meiner Beziehung zu ihm. Ich habe meine Mutter verloren, sie hat sich selber umgebracht, und seitdem hatte ich kaum mehr etwas, für das es sich zu leben lohnte.«

Die Bedürfnisstruktur dieser Mütter, wie sie in ihrem Verhalten während des Interviews und in ihren Berichten über die Zeit der Partnerwahl und des Werbens zutage tritt, ist gekennzeichnet durch das Verlangen nach Schutz und emotionaler Sicherheit (A, F, H, J, L, N, O); manchmal wird von der Ehe auch eine Bekräftigung der Position »Frau« (B, E, G, N) oder ein erhöhtes Statuspotential (D, M) erwartet. Es ist eine Struktur, die diese Frauen stark vom Ehemann abhängig macht: Er ist es, der ihnen Selbstwertgefühl vermittelt.

Solche Konstellationen entsprechen der traditionellen Vorstellung von der »Schwäche«, »Abhängigkeit« und »Unterlegenheit« der Frau und müssen trotz aller Lippenbekenntnisse zur Gleichberechtigung immer wieder zur Rechtfertigung dieses Vorurteils herhalten. Es gehört zu den verhängnisvollsten Wirkungen der Institution Ehe, daß ihre traditionelle Struktur die Ungleichwertigkeit der Frau zementiert: Die Versorgung, die der Mann ihr verspricht, muß die Frau mit Anpassung und Unterordnung bezahlen. Wo dieses Grundmuster durch die persönliche Bedürfnisstruktur der Ehepartner verstärkt wird – zum Beispiel wie in unseren Fällen durch ein starkes Verlangen der Frau nach Umsorgtwerden, das den Mann ganz im Sinne der alten Vorurteile zum überlegenen Partner macht –, muß ein tiefer Groll entstehen, der unbewußt bleibt und daher nicht verarbeitet werden kann.

Abhängigkeit erzeugt Feindseligkeit; wo aber ein Verlangen nach Abhängigkeit besteht, darf diese Feindseligkeit nicht bewußt erlebt und schon gar nicht offen ausgedrückt werden; sie muß abgespalten und verdrängt werden, bleibt aber dennoch wirksam. So lädt sich eine Beziehung immer mehr mit unterschwelliger Aggression auf; den Partnern aber bleibt verborgen, daß diese Aggression aus dem Machtgefälle herrührt, auf dem ihre Beziehung beruht. Sie können dies nicht wahrnehmen, ohne die Grundlage ihrer Partnerschaft in Frage zu stellen, und werden darum immer unbewußter. Diese Entwicklung muß überall dort eintreten, wo

Frauen in der Abhängigkeit vom Mann einen Ausgleich für ihren Mangel an Selbstwertgefühl suchen. Dies aber tun sie letztlich unter dem Druck einer gesellschaftlichen Ideologie, die von Frauen Hilflosigkeit und von Männern Dominanz erwartet. Frauen können darum nach Abhängigkeit verlangen, obwohl sie die Unterwerfung, die das von ihnen fordert, nicht wirklich wollen. Der Konflikt ist unlösbar, weil er unbewußt bleibt, und weil er nicht zu lösen wäre, ohne das Machtarrangement der Ehe zu sprengen, wird er immer stärker im Unbewußten gehalten.

Da es die Frau ist, die sich zuerst innerlich gegen diese Situation auflehnt (der Mann tut dies erst, wenn seine Vorherrschaft in Frage gestellt wird), ist ihre Verleugnung ihrer feindseligen Gefühle für das kleine Kind von weitaus größerer Bedeutung. Denn diese verdrängten negativen Gefühle sind ein grundlegender Aspekt seiner unmittelbaren Erfahrungswelt: Es erspürt sie empathisch. Daß letztlich der Mann diese Vorgänge in den Müttern auslöst, ohne daß ihm das bewußt wird, gibt dem Geschehen eine Dimension von Tragik: Es wirkt ausweglos wie ein blindes Verhängnis.

Die Tragik der Frau ist, daß ihr Elend um so größer wird, je mehr ihr Bedürfnis nach Abhängigkeit tatsächlich befriedigt wird. Denn gerade dann darf sie sich ihrer Feindseligkeit und des Ursprungs dieser Feindseligkeit noch weniger bewußt werden. Das Bewußtwerden würde ja zugleich auch alles in Frage stellen, was sie in der Vergangenheit bereits an mühsamer Integration geleistet hat. Schon als Kind hat sie die feindseligen Gefühle gegen ihre Eltern nur durch Verleugnen und Verdrängen bewältigen können – eine Anpassungsleistung, die zusammenbräche, wenn sie nun Aggression gegen einen fürsorglichen Ehemann zuließe. Die unbewußt bleibende Feindseligkeit nimmt aber nicht ab, sondern zu und wird darum auf andere Objekte übertragen. Statt dem Mann zu grollen, von dem sie sich abhängig fühlt, grollt die Frau den Kindern, die von ihr abhängig sind. Kinder sind das bevorzugte Objekt abgespaltener Feindseligkeit.

Die Feindseligkeit sadistischer Mütter ist von grundsätzlich anderer Art. Ich komme darauf später noch zurück, möchte hier aber betonen, daß keine einzige Mutter dieses Samples sadistische Züge hatte. Ganz im Gegenteil, sie alle wollten eine gute, fürsorgliche Mutter sein. Worauf es ankommt, ist, daß in allen echten PKT-Fällen die Mütter von starker *unbewußter* Feindseligkeit beherrscht waren, die sich vor allem gegen das Kind richtete, das dann starb. Wo noch Geschwister da waren, wurden diese weniger stark unbewußt abgelehnt als das gestorbene Kind. In dem einen Fall, wo diese unbewußte Feindseligkeit nicht zu beobachten war, mußte die Diagnose »Plötzlicher Kindstod« bei einer späteren Überprüfung revidiert werden.

Selbstverständlich soll hier kein einliniger und zwingender Kausalzusammenhang zwischen unbewußter Feindseligkeit und Plötzlichem Kindstod behauptet werden. Es ist für mich unbezweifelbar, daß die meisten Kinder die unbewußte Ablehnung ihrer Mütter überleben. Ich möchte meine Hypothese so formulieren: Die unbewußte Feindseligkeit einer Mutter kann zum auslösenden Faktor für den Plötzlichen Kindstod werden, wenn bestimmte Bedingungen zusammentreffen. Mit diesen werde ich mich im folgenden befassen.

Ablehnung des Kindes und die Entwicklung von REM

Liebe zum Kind und Freude an seiner Lebendigkeit sind eine entscheidende Voraussetzung für seine gesunde Entwicklung. Diese verläuft ganz anders, wenn es an einer bejahenden Grundhaltung mangelt. In der psychiatrischen und psychologischen Literatur sind die Folgen einer ablehnenden Haltung auf Charakter und Persönlichkeitsbildung ausgiebig dargestellt und klinisch belegt worden. Weniger beachtet wurden bisher die Wirkungen auf die allgemeine körperliche Entwicklung, auf die strukturelle Reifung und auf die Lebendigkeit oder Apathie des Organismus. Sie sind jedoch nicht minder bedeutungsvoll.

Nissen, Chow und Semmes (1951) haben gezeigt, daß der Mangel an kinästhetischen Erfahrungen durch Berühren und Berührtwerden bei einem jungen Schimpansen nicht nur zu Defiziten in der Koordination von Tastsinn und Bewegungsapparat führen, sondern sogar Verhaltensmuster löschen kann, die als »instinktiv« und angeboren gelten. Der Schimpanse griff nicht mehr nach seinen Wärtern, klammerte sich nicht mehr an ihnen an; er lauste sich nicht, gab keinen Laut von sich und machte nicht einmal mehr Lippenbewegungen. Diese Beobachtungen sind direkt übertragbar auf die Situation eines Kindes, das von seiner gefühlsambivalenten

Mutter zwar mit Nahrung und Kleidung versorgt und sauber gehalten, aber kaum berührt, gestreichelt und auf den Arm genommen wird. Montagu hat in verschiedenen Publikationen (1953, 1982) dargelegt, wie wichtig für das Neugeborene die Stimulation der Haut durch Berührung ist, und daß bei einem Mangel an solcher Stimulation physiologische Funktionen wie zum Beispiel die Atmung beeinträchtigt werden. Sogar ungenügendes Wachstum ist – wo keine organischen Defekte nachweisbar waren – auf die Unfähigkeit mancher Mütter zurückgeführt worden, auf die Bedürfnisse ihrer Kinder angemessen zu antworten, vor allem eben auf das Bedürfnis nach Berührung und Körperkontakt (Shaheen, Alexander, Truskowsky und Barbero 1968).

Zu diesem Mangel an Körperkontakt und Berührung des Babys kommt es, wenn die Beziehung der Mutter zu den Bedürfnissen des Kindes gestört ist. Grundlage einer adäquaten Beziehung ist weitgehend eine intakte Liebesfähigkeit. Sie kann nicht aus Büchern gelernt werden. Eine wirklich liebende Mutter kann durch genauere Kenntnis der Entwicklungsprozesse zwar lernen, die Bedürfnissignale ihres Kindes noch aufmerksamer wahrzunehmen. Das Entscheidende aber ist Liebe als freudiges Gewahrsein der Lebendigkeit und einmaligen Individualität des Kindes. Wenn diese vorbehaltlos bejahende Liebe da ist, kommt es zwischen Mutter und Kind zu einem dynamischen Prozeß wechselseitig sich verstärkender Freude aneinander.

Ein Beispiel, aus dem wir direkte Folgerungen für den Plötzlichen Kindstod ableiten können, stammt von Mona Lisa Boyesen (1981), die das Verhalten ihres Erstgeborenen beim Füttern ungewöhnlich einfühlsam beobachtet hat. Ihr Artikel macht deutlich, daß die Art und Weise, wie ein Neugeborenes gefüttert wird, für die Entwicklung seines REM-Schlafes ausschlaggebend sein kann. Frau Boyesens Beobachtungen geben nicht nur sehr genauen Aufschluß über den Zusammenhang von REM und Apnoe während des Nährens; sie sind vor allem ein Zeugnis dafür, was eine wahrhaft liebende Mutter für ihr Kind bedeutet. Es wird am besten sein, sie selbst sprechen zu lassen; vorausbemerkt sei nur, daß Frau Boyesen mit dem »Trance«-Zustand ihres Kindes die REM-Phasen meint, die sich bei einem Neugeborenen dadurch anzeigen, daß sich unter den geschlossenen Lidern die Augäpfel schnell hin und her bewegen, wenn es beim Füttern in den Schlaf abgleitet.

Boyesen entwickelte die theoretische Position, daß der REM-Zustand bei Neugeborenen einem Trancezustand ähnlich ist, aus dem sie nicht zurückkehren können, wenn die Bindung an die Mutter nicht richtig stattgefunden hat (die liebende Verbindung mit der Mutter, die ihr Kind mit Liebe in den Armen hält). Wenn der Trancezustand aber während des Stillens im Kontakt mit einer empfänglichen und liebenden Mutter erfahren wird, dann wird der Säugling nicht in der Nacht nach diesem Zustand suchen, wenn sein flaches Atmen (Apnoe) von niemandem bemerkt werden kann.

Es ist interessant, daß Boyesen mit der Beschreibung ihrer Gefühlsreaktionen auf ihren Sohn etwas ausdrückt, was vielleicht jeder erfahren hat, der einen Säugling bemuttert und genährt hat, ohne sich der ablaufenden Prozesse bewußt gewesen zu sein. Daß wir das, was sie beschreibt, nicht »gesehen«, sondern vielleicht nur intuitiv gefühlt haben, mag teilweise auf die Vorurteile zurückzuführen sein, die aus den vorherrschenden männlichen Ansichten über das Muttererleben stammen. Auch weibliche Forscher haben zur Verfestigung dieser Ansichten beigetragen. Ich zitiere Boyesen darum ausgiebig.

Boyesen schreibt: »Ich habe gesehen, wie flach Dorian auf dem Gipfel seines Trancezustandes geatmet hat ..., wie leicht sein Körper wurde, der fast ohne Gewicht in meinen Armen lag. Manchmal mußte ich mich über ihn beugen, um sicher zu sein, daß er noch atmete. Diese ausdrucksstarke Reglosigkeit machte mir angst; er war vollständig nach innen gewendet und entrückt, das Gesicht war bleich und durchsichtig, hatte keine Form mehr, sondern nur noch Ausstrahlung. Er war mehr ätherische Erscheinung als körperliche Gegenwart, als wäre da gar niemand, den ich in den Armen hielt. Jede Mutter, die ihr Neugeborenes in dieser Trance wahrgenommen hat, hat wohl den Impuls gespürt, es aufzuwekken, irgend etwas zu tun, um es aus diesem subnormalen Zustand herauszuholen.«

Diese poetische Beschreibung stimmt mit dem überein, was Klaus, Kennell, Plumb und Zuehlke (1970) in ihrer bahnbrechenden Arbeit über das Verhalten menschlicher Mütter berichten. Sie stellten fest, daß Mütter, die zum ersten Mal geboren haben, ein intensives Bedürfnis haben, ihren Säugling aufzuwecken, um seine Augen offen zu sehen. Die Autoren halten dies für ein »artenspezifisches« Verhalten menschlicher Mütter. In Anbetracht der Reaktionen von Boyesen scheint das von Klaus und seinen Kollegen festgestellte Verhalten einem Bedürfnis der Mutter zu entspringen, die sich selbst nicht hinreichend lebendig fühlt. Interessanterweise enthüllen die von diesen Autoren zitierten Äußerungen der Mütter, daß ihnen die Schläfrigkeit ihrer Säuglinge angst machte und daß sie in ihren Gesichtern tatsächlich nach etwas suchten, das ihr eigenes Gefühl des Lebendigseins aufrecht erhalten konnte: »Mach die Augen auf. Oh, komm jetzt, mach doch die Augen auf.« »Wenn du die Augen aufmachst, weiß ich, daß du lebst.« Der Vergleich mit Boyesens Beobachtungen macht deutlich, daß es sich dabei nicht um empathische Einfühlung in das Kind handelt, sondern um selbstbezogene Bedürfnisse. Es ist zu vermuten, daß diese Mütter auf tiefe Ruhe ihres Kindes mit Angst reagiert haben. Wie wir sehen werden, wird dadurch die Abfolge von REM-Phasen in einer Weise gestört, daß sich die Aufwachschwelle erhöht; dies wiederum erhöht die Chancen für den Plötzlichen Kindstod.

Frau Boyesen aber war wirklich empathisch verbunden mit ihrem Kind und stärker auf seine Empfindungen bezogen als auf ihre eigene Angst, und darum konnte sie geschehen lassen, was geschah. Sie schreibt: »Ich hatte diesen Impuls am Anfang auch, aber ich habe ihm nie nachgegeben. Zunehmend faszinierte mich Dorians Intensität beim Trinken und der damit einhergehende Trancezustand, dieses Fluktuieren zwischen Benommenheit und Schlaf. Ich lernte auch, daß diese Trancezustände nicht unterbrochen werden dürfen, im Gegenteil, sie müssen *respektiert* (Hervorhebung A.G.) und manchmal sogar unterstützt werden … Wenn Dorian beim Trinken in meinen Armen lag, gab er die ganze Zeit über die unglaublichsten Töne von sich. Manchmal zuckte er mit den Augen, rollte sie und verdrehte sie wie in Ekstase nach oben.[5] Es war wahrhaftig nicht nur die Milch, die er trank, nicht einmal nur die Liebe, die ich ihm gab … Manchmal wurden seine Töne so hoch und erregt, daß ich mich ein wenig schämte, ihn in der Öffentlichkeit zu füttern.«

Mona Lisa Boyesen lenkt hier die Aufmerksamkeit auf die wechselseitige Verstärkung im Bindungsprozeß zwischen Mutter und Kind. Daß sie trotz ihrer Angst den REM-Zustand ihres Kindes lustvoll erleben kann, ist ein Indiz dafür, daß sie wirklich empathisch mit ihm verbunden ist. Das macht ihren Bericht so wertvoll; seine Bedeutung liegt weniger in der exakten Beschreibung neurophysiologischer Zustände als in der Offenheit, mit der sie ihre liebevolle Empfänglichkeit für die Gefühle ihres Kindes zeigt. Damit gibt sie uns – auch wenn das gar nicht ihre Absicht war – tiefe Einblicke in das Wesen des Bindungsprozesses und seine Bedeutung auch für die Entwicklung physiologischer Funktionen. Sie handelt dabei rein intuitiv. Und allein aus der empathischen Verbundenheit erkennt sie auch die Gefahr, sich von eigenen Bedürfnissen – die mit mangelndem Selbstwertgefühl zu tun haben, daher Verlegenheit und Scham – zu störenden Eingriffen verleiten zu lassen, die die freie Entfaltung des Kindes beeinträchtigen würden.

Sie schreibt: »Es war ein Gefühl, als würden wir die intimsten Details unseres Liebeslebens der Öffentlichkeit preisgeben.« (Wir sollten uns klar machen, was es bedeutet, wenn Menschen schon Angst davor haben, ihre Gefühle der Liebe zu genießen.) »Leute drehten sich um. Das Gurgeln der Zufriedenheit klingt in den Ohren unserer Gesellschaft zu kurz gekommener Erwachsener fast unappetitlich. Kein Wunder, daß manche Erwachsene sich der ekstatischen Äußerungen ihrer Neugeborenen schämen und manchmal sogar zweifeln, ob solche Äußerungen überhaupt normal sind.«

Nun aber zu ihren Beobachtungen des Ablaufs der Nahrungsaufnahme. »Aus gesundheitlichen Gründen konnte ich nicht stillen ... Dorian trank gierig und wollte bei der vorgesehenen Menge nicht aufhören ... Er hatte, wie alle Babys, das Bedürfnis, weit länger zu saugen als die paar Minuten, die er brauchte, um seinen Durst zu stillen ... Er hatte genug Milch bekommen, aber noch nicht genug Befriedigung. Ich gab sie ihm dann mit meiner Brustwarze, manchmal auch mit meinem kleinen Finger. Dann schlief er mit einem zufriedenen Ausdruck ein.«

»Eines Tages lehrte mich Dorian seinen ganzen Zyklus der Nahrungsaufnahme. Ich hatte über den Sauger der Flasche noch einen zweiten gestülpt, um den Milchfluß zu verlangsamen ..., und im Alter von sieben Tagen erlebte Dorian zum ersten Mal seit seiner Geburt eine ununterbrochene, lang anhaltende Symbiose mit mir.«

»Ein paar Minuten lang saugte er die Milch gierig in sich hinein mit aufreizenden Tönen des Genusses. Dann verlangsamte sich sein Tempo, bis er kaum mehr trank, obwohl er noch ganz mit Saugen beschäftigt war. Es war zu sehen, wie sich seine Lippen und sein Gaumen rhythmisch bewegten, aber er schluckte nicht mehr viel Milch. Zeitweise saugte er gar nicht mehr, lag einfach ganz ruhig mit geschlossenen Augen da, während seine Lippen den Sauger zart umschlossen. Mit jedem Atemzug seufzte er sanft und leise vor Befriedigung. Nach einer Weile öffnete er die Augen wieder, blinzelte und trank erneut mit geschlossenen Augen, dem konzentrierten Genuß ganz hingegeben. Die Phasen des Trinkens und des Saugens im Halbschlaf wechselten einander ab, bis er nach etwa der halben Portion so ruhig dalag, als wäre er nun ganz eingeschlafen. Aber immer noch gab er die leisen Töne der Zufriedenheit von sich.«

»Da er nicht mehr zu saugen schien, wollte ich ihm eigentlich die Flasche wegnehmen. Es hatte nicht viel Sinn, die Flasche weiter zu halten, da er ja nicht mehr trank. Ich saß nun schon mehr als eine halbe Stunde da, und er schien im Augenblick zufrieden zu sein ...«

»Als ich die Flasche gerade herausziehen wollte, zögerte ich, denn in diesem Augenblick bemerkte ich einen Schatten der Unbehaglichkeit auf seinem Gesicht, er drückte die Augenlider ein wenig fester zusammen, als ob ihm etwas mißfiele, schlief aber weiter. Ich ließ also die Flasche, wo sie war... Gleich darauf bemerkte ich, daß er kurz vor dem tiefen Einschlafen noch immer den Schnuller mit dem Mund festhielt, als würde er saugen. Es hätte ihn aufgeweckt, wenn ich ihn herausgezogen hätte ... Nach einer Weile hörten die Seufzer der Zufriedenheit auf, und ich bemerkte, daß seine Augenlider zuckten. Er war jetzt im REM-Schlaf. Abgesehen von ein paar Zuckungen war sein Gesicht jetzt ruhig und friedlich; nur ab und zu huschte ein Lächeln oder Grinsen über sein Gesicht, in fast schon komischem Kontrast zu seinem ansonsten völlig gleichmütigen Ausdruck ... In diesem Augenblick bemerkte ich auch eine fast unsichtbare Vibration seiner Lippen, als würde er immer noch saugen. Diese Bewegungen waren so unmerklich, daß ich sie leicht hätte übersehen können. Aber jetzt war ich darauf aufmerksam geworden. Wenn er seinen Mund entspannte, dann lag der Sauger auf seiner Unterlippe, und ich konnte durch die kleine Öffnung seines Mundes ein rhythmisches Zittern seiner Zunge erkennen.«

Diese Beobachtungen stimmen mit denen von Roffwarg und seinen Mitarbeitern (1966) überein. Saugähnliche Mundbewegungen verstärken sich zunehmend einige Minuten vor dem Übergang in den REM-Schlaf. Sie führen »in einem Crescendo zum Beginn der REM-Phase, begleiten diese, steigern sich gegen Ende noch einmal kurz und verschwinden ganz, sobald die Nicht-REM-Phase voll etabliert ist. Die Saugaktivität scheint also hauptsächlich mit dem Beginn des REM-Schlafes verbunden zu sein.«

Ich glaube, daß Frau Boyesen bei der Niederschrift ihrer Beobachtungen diese Arbeit nicht gekannt hat, aber instinktiv spürte, welche außerordentlichen endogenen Aktivitäten und Erregungen durch den REM-Zustand ausgelöst werden, und sie konnte ihn darum in einer Weise beschreiben, die uns das fundamentale Wechselspiel in der Mutter-Kind-Beziehung begreifen läßt: »Er war in einem Zustand, der innere Konzentration verlangte. Es vollzog sich ein intensiver Prozeß in ihm, der durch seine kaum wahrnehmbaren Saugbewegungen immer neu angeregt wurde ... Nun verzog sich sein Mund wieder zu diesem Grinsen, wieder ein kurzes Lächeln, das für einen Augenblick unverändert blieb. Ich sah seine Zungenspitze auf beiden Seiten des Saugers, wie sie immer noch vibrierte ... Dann öffnete er plötzlich seine Augen und schaute mich mit einem sonderbar intensiven Blick an ... Ich glaube nicht, daß er mich sah ... Dann schloß er die Augen wieder, und mit einem kleinen Ruck seines Körpers, der ihn halb aufzuwecken schien, saugte er gierig den Rest der Milch leer. Ungefähr eine Stunde war vergangen, seit ich mit dem Füttern begonnen hatte ... Etwas später hörte er wieder auf zu trinken. Eine enorme Hitze ging von ihm aus ... Er schien jetzt fest zu schlafen, und bald begannen wieder die raschen Augenbewegungen (REM). Er lag vollkommen ruhig da; sein Atem war unhörbar und manchmal so flach, als würde er überhaupt nicht atmen ... Plötzlich ergriff mich Angst, daß sein Lebenslicht erlöschen könnte ... Aber er reagierte auf Veränderungen seiner Umgebung, zum Beispiel auf meine Bewegungen, auf leise Geräusche im Flur usw. Ich verfolgte jeden Atemzug, den die undeutlichen Bewegungen seiner Brust erkennen ließen, fast nur ein schwaches Pulsieren. Das Ausatmen dauerte so lang, als würde er nie mehr einatmen ... Und plötzlich lächelte er über das ganze Gesicht ... Als er aufwachte, schaute er mich an. Dieses Mal schaute er nicht durch mich hindurch, sondern in mich hinein ... Seine Augen waren erfüllt von einem Ausdruck der Erleichterung und des Einverständnisses.«

Wir sehen an diesem Beispiel, welche enorme Bedeutung die Reaktionen der Mutter für das Schlafmuster des Kindes und die Abfolge der REM-Phasen haben. Allein dadurch, daß sie dem Kind eine eigenständige Lebendigkeit zugesteht und sie voll respektiert, sein Verhalten also positiv interpretiert als Ausdruck einer inneren Notwendigkeit und der Verbundenheit mit ihr selbst, kann sie ihm Raum zur freien Entfaltung geben, indem sie es in ihren Armen ungestört saugen und lutschen läßt.

REM und Aufwachschwelle

Boyesen verdanken wir eine erste Beschreibung des Wechselspiels von REM und Nahrungsaufnahme und seiner möglichen Auswirkungen auf das Schlafmuster von Säuglingen. Daraus ergibt sich die Vermutung, daß die innere Einstellung der Mutter zu ihrem Kind auf dessen REM-Rhythmus einen entscheidenden Einfluß hat. Denn von dieser Einstellung hängt ab, wieweit die Mutter die Bedürfnisse des Kindes erspüren kann und in welchem Ausmaß sie seine REM-Phasen stört und unterbricht.

Für den Plötzlichen Kindstod haben diese Störungen wahrscheinlich darum Bedeutung, weil sie zu vermehrtem REM-Schlaf und einer Erhöhung der Aufwachschwelle führen, auch wenn dies auf sehr indirekte Weise geschieht. Roffwarg und Mitarbeiter beschreiben in der bereits zitierten Arbeit eine interessante Sequenz von Saugen und REM: »Saugen im Schlaf kann ein Ausdruck von REM-Aktivität sein, aber bei physiologischem Hunger setzt es sich in der Nicht-REM-Phase fort.«

Aserinsky und Kleitmann haben berichtet, daß spontanes Aufwachen bei Säuglingen im allgemeinen zu Beginn von REM-Phasen auftritt. »Wir haben dies bestätigt gefunden und zusätzlich beobachtet, daß sich das Aufwachen im allgemeinen in der REM-Phase ereignet, die auf den Durchbruch anhaltenden Saugens in einer Nicht-REM-Phase folgt. Sobald die Aktivität einen gewissen Schwellenwert übersteigt, scheint also das Einsetzen der REM-Phase zum Aufwachen zu führen.« Dies legt die Vermutung nahe, daß es ohne vorhergehendes Saugen kein Aufwachen gibt.

Das Ausbleiben des Saugens wiederum versteht sich nicht von selbst, sondern bedarf der Erklärung. Sie ist zu suchen in dem

Wechselspiel zwischen Reizerwartung und tatsächlich eintretender Stimulierung, das ich für einen entscheidenden Vektor der Entwicklung halte: Die bisherige lebensgeschichtliche Erfahrung mit den Stimulierungen des Gefüttertwerdens und Saugens entscheidet darüber, ob und inwieweit das Kind Saugbewegungen macht. Sogar strukturelle Defizite finden möglicherweise in diesem Zusammenhang ihre Erklärung. J. Ollson hat bei seinen Forschungen in Naeyes Laboratorium (zitiert bei Naeye 1980) festgestellt, daß jene Stammhirnregion, welche die Zunge kontrolliert, bei vielen PKT-Kindern einen signifikanten Mangel an Neuronen aufweist. Es ist gut möglich, daß zwischen einem solchen Mangel und den Möglichkeiten des Kindes, sein Saugbedürfnis zu befriedigen, ein Zusammenhang besteht. Es ist bekannt, daß ein Mangel an sensorischer Erregung die neuronale Gehirnstruktur ändert (Freeman, Mitchell und Millodot 1972; Wallace 1974).

Die Stärkung der Zunge kann durchaus mit der »Tonisierung« zusammenhängen, von der Boyesen spricht, das heißt mit der Gelegenheit, die eine Mutter ihrem Säugling zum richtigen Saugen gibt. Es mag das verstärkte Saugen sein, das einem Säugling hilft, aus dem REM-Schlaf aufzuwachen, wenn die Atmung zu versagen droht. In den Armen der Mutter (oder des Vaters) gehalten zu werden – das heißt die Erfahrung liebevoller Geborgenheit – schafft die notwendigen Bedingungen für richtiges Saugen. Boyesen spricht darüber in einer für unsere Ohren allegorischen Sprache: »Etwa eine Stunde lang bei jedem Füttern – insgesamt vielleicht fünf oder sechs Stunden am Tag – kann das Neugeborene dieses Gebiet des Stammhirns einüben.« Ist dies die Voraussetzung für das Aufwachen aus einer REM-Phase, so kann eine Schwächung dieser Voraussetzungen die Fähigkeit zum Aufwachen beeinträchtigen. Liegen Apnoe und teilweiser Lungenkollaps vor, so kann ein Kind, das nicht aufwacht, sterben.

Träumen während der REM-Phasen

Von entscheidender Bedeutung für die Unfähigkeit, rechtzeitig aufzuwachen, ist möglicherweise auch die Art des Träumens während der REM-Phase. Berger (1963) fand heraus, daß bei träumenden Menschen das Ausbleiben erkennbarer Reaktionen auf einen akustischen Reiz nicht auf eine Anhebung der akustischen Reizschwelle zurückzuführen ist, sondern auf die spezifische Art der Reizverarbeitung, durch die der Stimulus in den Traum eingeflochten wird.

Jouvet (1962) hat auch bei Katzen eine Abnahme der Reaktion auf akustische Signale (Klicks) während des »Hinterhirn«-Schlafes beobachtet, häufig verbunden mit Bewegungen der Augen und Schnurrhaare. Er führte diese Abnahme der Reaktionsbereitschaft darauf zurück, daß die Katze in ihren Traumbildern gefangen sei. Mit anderen Worten: Die Intensität des Traumerlebens führt zu einer Blockierung an der Peripherie des Organismus, so daß Reize, die sonst zum Erwachen führen würden, nicht wahrgenommen werden. Zu vermuten ist also, daß es auch von der Art des Traumes abhängt, ob eine solche Blockierung eintritt und damit ein Aufwachen verhindert wird, das im Falle von anhaltender Apnoe lebensrettend wäre.

Ein auffallendes Merkmal an Kindern, die dem Plötzlichen Kindstod erlegen sind, ist, daß es keine Anzeichen eines Todeskampfes gibt. Wenn sie aufgefunden werden, sehen sie im allgemeinen aus, als ob sie schliefen. Sie sind weder blau noch verkrampft. Ein Vater in dieser Untersuchung (Herr C.) beschreibt das Auffinden seines Sohnes so: »Er sah nicht aus, als ob er um sein Leben gekämpft hätte, wie Tiere es tun. Er verschwand einfach aus dem Leben, dem er nicht gewachsen war.« Im vorliegenden Sample wird über elf von 15 Kindern gesagt, daß sie entspannt aussahen, als ob sie schliefen, und keine sichtbaren Verkrampfungen zeigten. Von den übrigen vier Kindern wird berichtet, eines habe aufgeblasene Backen gehabt, »als hätte er vergessen zu niesen«, eines sei mit Schleim bedeckt und in seine Decke verheddert gewesen, und eines habe wie ein »zusammengeschnürtes Bündel« ausgesehen.

Diese scheinbar zufälligen Aspekte des Zustandes von PKT-Opfern führe ich hier deswegen an, weil ein Kampf ums Leben offenbar dann ausbleibt, wenn der Tod durch mangelnde Aufwachbereitschaft bei reduzierter Sauerstoffzufuhr und erhöhter CO_2-Konzentration eintritt. Das stimmt überein mit den erwähnten Erkenntnissen von McCulloch und Mitarbeitern (1982) über die sinkende Aufwachbereitschaft bei Hypoxie. Ich vermute, daß die wiederholte Erfahrung von Apnoe ein Kind so konditionieren kann, daß es auf eine erhöhte CO_2-Konzentration im Blut mit einer weiteren Verlangsamung des Stoffwechsels reagiert, um Sauerstoff zu »sparen«. Die Arbeit von Bykov (1953) und Airapetiants (1945) zeigt die Möglichkeit einer solchen Entwicklung. Derartige Mechanismen können der Hintergrund für Unterventilation als Reaktion auf erhöhte CO_2-Konzentration sein, wie sie bei Babys von Müttern festgestellt wurde, die Methadon erhielten, und ebenso für die Häufung lang anhaltender Perioden von Apnoe bei Frühgeburten.[6] Zugrunde liegen könnte allerdings auch eine Umkehr neurologischer Abläufe durch Überstimulation, wie Lorente de No[7] annahm, oder eine Reafferenz im Sinne von Holst und Mittelstaedt.

Die Tatsache, daß es vor Ende des ersten Lebensmonats praktisch keinen Plötzlichen Kindstod gibt, hat wohl nicht nur mit der für die oben genannten Entwicklungen notwendigen Zeit zu tun, sondern auch mit dem Wesen der REM-Phasen und der Entwicklung des Traumlebens. Durch die beschriebenen Deprivationen wird der Säugling in ein Schlafmuster mit vermehrten REM-Phasen getrieben. Die Voraussetzung für ein verlängertes Verweilen in Schlafphasen mit erhöhter Wahrscheinlichkeit lebensbedrohenden Sauerstoffmangels werden also erst in einem Entwicklungsprozeß geschaffen, der Zeit braucht. Natürlich spielt bei der Entwicklung der REM-Phasen nicht nur das Füttern eine wesentliche Rolle. Emde und Mitarbeiter (1971) berichten, daß die Überstimulierung durch Streß – etwa Blutentnahme oder Beschneidung im Krankenhaus – bei Neugeborenen zu verlängertem Nicht-REM-Schlaf führt. Auch auf diese Weise kommt es zu einer REM-Deprivation, die dann wieder mit einer Verstärkung der REM-Phasen beantwortet wird. Daß eine solche Verstärkung bei Säuglingen zu einer Fortsetzung von REM-Stürmen über die fünfte Lebenswoche hinaus führt, kann gut eine Erklärung für die Ergebnisse von Becker und Thoman (1981) sein. Ihre Untersuchung ergab, daß Kinder, deren REM-Stürme im Schlaf sich nach sechs Monaten nicht gelegt hatten, mit einem Jahr eine negative Korrelation in ihrer geistigen Entwicklung zeigten.

Der wichtigste Grund dafür, daß der Plötzliche Kindstod erst nach Ablauf des ersten Lebensmonats eintritt, dürfte allerdings darin zu suchen sein, daß sich erst in der Interaktion mit der Mutter (oder der bemutternden Bezugsperson) die Rück-Koppelung zwischen der Entwicklung des Bewußtseins und der des Traumlebens herausbildet. Der zeitliche Aufschub hängt also wohl damit zusammen, daß das Traumleben sich erst so weit entwickelt haben muß, daß es die Alltagserfahrung des Wachzustandes in ihrer emotionalen Bedeutung repräsentieren kann. Denn dann erst kann das Kind im Schlaf eine Möglichkeit entdecken, die Vielfalt und Widersprüchlichkeit seiner Erfahrungen zu verarbeiten und zu integrieren. Und dann erst kann es in seine Traumarbeit so tief verstrickt sein, daß es selbst dann nicht aufwacht, wenn es ums Überleben geht. Das wäre dann vergleichbar mit Jouvets Beobachtungen an Katzen, die in ihren Traumbildern so »gefangen« waren, daß ihre Bereitschaft zur Reaktion auf akustische Signale deutlich abnahm.

Inhalt der Träume eines menschlichen Säuglings dürften zu Beginn akustische, kinästhetische und taktile Erfahrungen der Schwangerschaft und der Geburt sein und erst später auch Bilder aufgrund von visuellen Eindrücken. Roffwarg und seine Mitarbeiter halten es aufgrund ihrer Forschungen für möglich, daß der REM-Zustand sogar schon beim Fötus die neurophysiologischen Bedingungen für eine halluzinatorische Wiederholung der angesammelten Erfahrungen schafft. (Darauf beruhen vielleicht auch die vorgeburtlichen LSD-Erfahrungen, die Grof, 1978, erforscht hat.)

Wir wissen, daß der Fötus im letzten Drittel der Schwangerschaft die Fähigkeit hat, auf Geräusche zu reagieren, und bis zur Geburt ein erhebliches akustisches Differenzierungsvermögen ausgebildet hat (Eisenberg 1976; Tomatis 1987). Das Neugeborene sieht, hört und bewegt sich bereits in den ersten Stunden seines Lebens in rhythmischem Einklang mit der Stimme seiner Mutter (Wolff 1959; Klaus und Kennell 1976). Die Beziehung zur Mutter wird schon durch vorgeburtliche Wahrnehmung ihrer Stimme und ihrer Bewegungen hergestellt. Es ist nachweisbar, daß ein Säugling schon in den ersten drei Tagen in der Lage ist, die Stimme seiner Mutter von anderen zu unterscheiden und sogar Anstrengungen zu unternehmen, um ihre Stimme und nicht die von anderen Frauen zu hören (DeCasper und Fifer 1980).

Gegenstand des Traumlebens sind jedoch nicht nur Erlebnisse der Tagesrealität, deren Nachbilder im Schlafzustand einfach noch fortwirkten. Gerade weil sich diese Erlebnisse mit Erwartungen, gezielter Suche und den damit einhergehenden Möglichkeiten der Enttäuschung zu tun haben, entsteht die Notwendigkeit, sie sogleich bei ihrem Eindringen in den Traumzustand und ihrer Verflechtung in die Träume auf immer höheren Ebenen des Bewußtseins zu integrieren.

Das Bewußtsein des Säuglings hat schon nach 36 Stunden einen hinreichenden Differenzierungsgrad erreicht, um Gesichtsausdrücke von Glück, Traurigkeit und Überraschung zu unterscheiden (Field und Mitarbeiter 1982). Es sollte also nicht überraschen, daß sich Erwartungshaltungen schon nach dem ersten Lebensmonat auf einer hohen Komplexitätsebene störend bemerkbar machen können. Aronson und Rosenbloom (1971) haben bei 30 Tage alten Säuglingen festgestellt, daß sie irritiert und verstört reagierten, wenn die Mutter nicht in der gleichen Richtung zu sehen war, aus der ihre Stimme kam, die Einheit und Ganzheitlichkeit der akustischen und der visuellen Wahrnehmung also auseinandergerissen waren.

Wir dürfen annehmen, daß sich in der Erfahrung von Säuglingen schon sehr früh ganzheitliche »Gestalten« ausbilden, insbesondere in der Beziehung zu ihrer Mutter. Wenn die Zweideutigkeit oder Gespaltenheit einer Mutter (oder eines Vaters) dem Kind gegenüber dazu führt, daß diese »Gestalten« auseinanderbrechen, so können wir uns vorstellen, mit welcher Intensität der Säugling versuchen wird, ihre Ganzheit und damit sein Gleichgewicht wieder herzustellen. Hier kommen die Erwartungen ins Spiel, die Inhalt und Richtung seines Traumlebens bestimmen.

Es braucht nicht betont zu werden, daß Frustration der kindlichen Bedürfnisse und Erwartungen das Schicksal der Menschheit ist. Selbst bei den liebevollsten und einfühlsamsten Eltern wird es zu Frustrationen kommen. Die Unterschiede allerdings sind beträchtlich. Wie überaus komplex die Interaktion zwischen Mutter und Kind allein schon auf der Ebene physiologischer Reaktionen ist, demonstriert die Arbeit von Vuorenkoski, Wasz-Höckert, Koivisto und Lind (1969).

Diese Autoren untersuchten die Wirkung des Schreiens von Neugeborenen auf die Temperatur der Brüste stillender Mütter. Die Tests wurden zwischen dem dritten und fünften Tag nach der Entbindung vorgenommen; die Mütter mußten die Hunger- und Schmerzschreie eines gesunden Neugeborenen hören, und dabei wurde mit Infrarot-Thermographie die Reaktion ihrer Brustdrüsen gemessen. Bei vier von 40 Müttern war keine Reaktion zu beobachten. In 16 Fällen zeigte sich bereits eine Minute nach dem ersten Hungerschrei eine Temperaturveränderung, in fünf Fällen trat sie erst bei den Schmerzschreien auf. Hier können wir eine Ahnung von der Kompliziertheit der Vorgänge bekommen.

Bis in die rein physiologische Reaktionsbereitschaft hinein wirkt sich die größere oder geringere Offenheit der Mutter für die Bedürfnisse des Kindes aus. Entsprechend vollständig oder unvollständig wird das Kind mit den Stimuli versorgt, die es zur Entwicklung eines adäquaten Saug-»Reflexes« braucht. Aber es geht gar nicht nur um den Werdegang dessen, was im Endresultat einfach »Reflex« genannt wird. Es geht um die Erwartungen, die das individuelle Kind aus den von der Mutter kommenden visuellen, akustischen und taktilen Reizen aufbaut und um die herum sich die spezifische emotionale Qualität der Mutter-Kind-Bindung entwickeln kann. Die Frustration dieser Erwartungen kann in einen Zustand äußerster Ohnmacht und Hilflosigkeit führen. Darum haben wir es hier mit jenen Elementen der Erfahrung zu tun, die mit besonderer Intensität in das Traumleben hinübergenommen werden – als ein Versuch, das im Wachzustand unvollendet Gebliebene abzuschließen und zu integrieren.

Der Grundmechanismus des Träumens dreht sich um den Ausgleich emotionaler Verluste, um unerfüllte Wünsche und unbefriedigte Bedürfnisse. Freuds epochaler Beitrag zur Interpretation des Traumes konzentrierte sich deswegen auf den wunscherfüllenden Aspekt des Traummaterials. Der Traum ist natürlich nicht einfach die Stimme verdrängter oder archaischer Impulse, sondern eine weitergeführte Auseinandersetzung mit jenen Problemen, die das Bewußtsein auch im Wachzustand beschäftigen, wobei der Traum die unbewältigten Aspekte der im Augenblick gerade kritischsten Beziehungsprobleme zusammenfaßt und verdichtet (Ullman 1955).

Wenn nun ein Säugling, dessen Bedürfnisse von einer uneinfühlsamen Umwelt nicht befriedigt wurden, bereits eine Neigung zu übermäßig ausgedehnten REM-Phasen entwickelt hat, so dürfen wir annehmen, daß die sich entwickelnde Traumarbeit weitgehend um Wunscherfüllung kreist. Unter diesen Bedingungen entsteht zusätzlich zur Verstärkung der REM-Phase und damit zu vermehrter Apnoe, wie Steinschneider berichtete, auch das von Jouvet beobachtete »Gefangensein« im Traummaterial, das die Reaktion auf Reize außerhalb des Traumes reduziert und das Aufwachen blockiert. Dies ist wohl auch der Zeitpunkt, zu dem ungenügendes Saugen in der Nicht-REM-Phase, das in der REM-Phase fortgesetzt wird, nicht zum Aufwachen führt. Der Traum nimmt den Säugling dann gerade wegen seiner wunscherfüllenden Funktion gefangen. Der Gefahrenpunkt liegt in der Art und Weise, wie ein Kind in seiner Traumwelt Erfüllung sucht. Ich vermute deswegen, daß Apnoe, Unterventilation der Lungen und überlange REM-Phasen im »normalen« Säuglingsschlaf weit häufiger vorkommen, als man bisher für möglich hielt. Das Auftreten von Hypoxie, das Naeye veranlaßte, nach den anatomischen Ursachen zu suchen, dürfte viel verbreiteter sein, als angenommen.

Die Häufigkeit einer ablehnenden Haltung der Mütter gegenüber ihren Kindern ist sogar Autoren aufgefallen, die gar kein spezielles Interesse an diesem Thema hatten; Thomas, Chess und Birch (1968; vgl. dazu Gruen 1980) fanden eine solche Ablehnung bei 16 Prozent der von ihnen untersuchten Mütter. Wir dürfen also annehmen, daß es ein in der gesamten Bevölkerung weit verbreitetes Kinderschicksal ist, die Erfahrung des Abgelehntseins im REM-Schlaf verarbeiten zu müssen. Dies dürfte Auswirkungen auf die allgemeine Entwicklung von Atemschwierigkeiten haben, nicht nur auf den Plötzlichen Kindstod.

Mit diesen Überlegungen soll noch einmal betont werden, daß hier *nicht* behauptet wird, die ablehnende Haltung der Mutter (oder auch des Vaters) gegenüber ihrem Säugling sei *die Ursache* des Plötzlichen Kindstods. Ich behaupte vielmehr, daß eine solche Haltung die Anfälligkeit für den Plötzlichen Kindstod erhöht, sofern die Ablehnung unbewußt ist. Was den Plötzlichen Kindstod dann tatsächlich auslöst, hängt von einer spezifischen Verkettung von Umständen ab. Da der Plötzliche Kindstod überwiegend während des REM-Schlafes eintritt, dürfte dabei eine entscheidende Rolle spielen, wie das Kind seine Mutter am Tag erlebt hat. Ich wende mich nun der Frage zu, wie es zu dieser dramatischen Zuspitzung kommt.

Die besondere Rolle des Fokussierens

Schon am allerersten Tag reagiert das Neugeborene auf visuelle Stimuli und empfängt von ihnen Entwicklungsimpulse. Die Mutter spielt hier – in unserer Kultur mehr als der Vater – eine lebenswichtige Rolle. Das Baby folgt nicht nur ihrem Gesicht mit den Augen, sondern bewegt sich innerhalb der ersten 16 Stunden nach der Geburt im Rhythmus ihrer Worte (Condon und Sander 1974). Diese Aktivitäten verflechten sich mit Prozessen, in denen das Fokussieren des Säuglings zu verminderter Mobilität und größerer Reaktivität des Hautwiderstands führt, wodurch Aufmerksamkeit und Wachheit gesteigert werden (Stechler, Bradford und Levy 1966). Das Einstellen des Blicks auf die Mutter löst Aktivitäten aus, durch welche die Empfänglichkeit des Säuglings für den Informationsfluß aus seiner Umgebung erhöht wird. Das Zusammenspiel von Mutter und Kind im Blickkontakt schafft die physiologischen Grundlagen zu dem Prozeß des Lernens überhaupt. Bei Katzen zum Beispiel geht visuelle Stimulation mit Veränderungen der Sauerstoffspannung im Corpus geniculatum laterale einher, die Veränderungen im Gehirnstoffwechsel und Gefäßaktivität widerspiegeln (Gijsbers und Melzack 1967).

Wichtiger für unsere Überlegungen ist, daß das Kind durch dieses Fokussieren die Liebe seiner Mutter in sich aufnimmt, ihre Anerkennung, aber auch ihre Erwartungen. Der Dichter Friedrich Hebbel hat sehr klar zum Ausdruck gebracht, daß dieser Prozeß auf zwei Ebenen verläuft, die beide von entscheidender Bedeutung sind für die Herausbildung der Selbstwahrnehmung und des Selbstgefühls:

> »Sie weiht es küssend ein zum Leben
> Und dieser erste Liebeskuß
> Hat ihm das Bürgerrecht gegeben …
> …
> So dir im Auge wundersam
> Sah ich mich selbst entstehen.«

Intuitiv drückt der Dichter aus, wie die Liebe und Anerkennung der Mutter dem Kind Impulse vermitteln, die seine Lebenskraft stärken, und zugleich beschreibt er sehr prägnant, wie der Blick der Mutter für das Kind zum Spiegel wird: Ihre Sicht des Kindes steckt den Bezugsrahmen ab, innerhalb dessen es seines Selbstseins und seiner eigenen Lebendigkeit gewahr werden kann. Nur nach einem solchen ersten Schritt kann es zur Entwicklung eines eigenen Selbst kommen (Benedetti 1983; Bettelheim 1967; Gruen 1968 u.ö.).

Die Liebe der Mutter ist der Katalysator für den Prozeß der Bindung, den Klaus und Kennell (1976) so beredt als einen gemeinsamen »Tanz« der Augen von Mutter und Kind beschrieben haben. Dieser Augentanz ist der grundlegende Akt des Austauschs zwischen Mutter und Kind, der die Bindung zwischen ihnen begründet und aufrecht erhält, und konstituiert damit das Urmodell des Liebesaktes.

Was aber geschieht, wenn solche Liebe gar nicht oder nicht in ausreichendem Maße erfahren wird? Oder wenn sie anfangs einmal da war, aber dann wieder entzogen wird? Was wird dann aus der Suche des Kindes nach Augenkontakt? Wir wissen, daß eine Verminderung des Fokussierens die Häufigkeit und den Ausschlag der Augenbewegungen während des folgenden REM-Schlafes erhöht (Herman und Roffwarg 1983). Das deutet darauf hin, daß das Fokussieren ein Bedürfnis erfüllt, das im Schlaf Befriedigung suchen muß, wenn es im Wachzustand nicht befriedigt worden ist.[8] Es ist gut möglich, daß dadurch die Entwicklung des Traumlebens intensiviert wird und damit auch das Verstricktsein in die Träume zunimmt.

Interessanterweise berichten elf der 14 PKT-Eltern, daß ihre PKT-Kinder einen ungewöhnlich intensiven oder starren Blick gehabt hätten. Klar verneint wurde die Frage nach einem besonders intensiven Blick ihres Kindes von jenen beiden Elternpaaren (G und I), die ganz allgemein die individuelle Eigenart ihrer Kinder leugneten; ein Elternpaar (J) konnte die Frage überhaupt nicht beantworten. Möglicherweise besteht ein Zusammenhang zwischen dem starren Blick und der Unempfindlichkeit für innerkörperliche Vorgänge, die in den Interviews immer wieder zur Sprache kamen: Nur zwei der PKT-Kinder haben nach den Aussagen ihrer Eltern bei Erkältungen ein Unbehagen erkennen lassen.

Der suchende Charakter dieses starren Kinderblickes wurde von elf der befragten Eltern eigens hervorgehoben, und auch einige der Kinderärzte haben ihn erwähnt. Den Interviewer hat er stark beeindruckt – vielleicht auch deshalb, weil er ihn an Hebbels intuitive Einsicht erinnerte, daß Kinder im Auge ihrer Mutter Halt finden müssen.

In einer neueren Arbeit über den Autismus mit einem ungewöhnlich weiten Horizont hat sich George Victor (1983) speziell mit dem Phänomen des starren Blicks auseinandergesetzt. Er sieht das Starren als einen Ausdruck von Streß in der Beziehung zur Mutter und als Versuch des Kindes, unterbrochene Nähe aufrechtzuerhalten. Nach seinen Beobachtungen beginnt das Starren, wenn die Mutter das Kind verläßt; bei fortgeschrittener Konditionierung wird das Starren bereits durch Hinweise auf ein bevorstehendes Weggehen der Mutter ausgelöst. »Ein Kind, das auch in Anwesenheit der Mutter einen großen Teil der Zeit starrt, hat wahrscheinlich häufige Trennungen von ihr erlebt.« Trennung aber wird nicht nur bei physischer Abwesenheit der Mutter erlebt, sondern auch, wenn sie sich innerlich zurückzieht und von ihrem Kind abwendet.

Auch auf diese Situation paßt Victors Formulierung, daß das Beibehalten des Starrens (wenn die Mutter tatsächlich anwesend ist) »einem Mißlingen des Suchens zuzuschreiben« sei. Hier finden wir nicht nur eine Erklärung für ein typisches Verhaltensmerkmal autistischer Kinder, sondern auch für den »Radar-Blick« unserer PKT-Kinder. Mehr noch: Wenn alleingelassene Kinder dazu neigen, ihre abwesenden Mütter zu halluzinieren, wie Ferenczi (1950) meint (zitiert bei Victor), dann handelt es sich beim starren Blick möglicherweise um »ein Verhalten zur Aufrechterhaltung von Nähe, das sich an ein halluziniertes Gegenüber richtet« (Victor). Dies wiederum mag erklären, warum dieser starre Blick scheinbar gerade nicht fokussiert (ein »Durch-den-anderen-Hindurchsehen«): Es handelt sich um ein Fokussieren auf weite Distanz, gerichtet auf das halluzinierte Bild und nicht auf die physisch anwesende Person. Wenn dies so ist, dann könnte der bei PKT-Kindern beobachtete starre Blick Probleme in der Beziehung zur Mutter widerspiegeln, die denen autistischer Kinder sehr ähnlich sind.

Die Frage nach spezifischen Frustrationen des Bedürfnisses nach Blickkontakt drängte sich förmlich auf – um so mehr, als unterschwellige Feindseligkeit und unbewußte Ablehnung ihrer Kinder bei allen Müttern unseres Samples mehr oder weniger deutlich zu beobachten war.

Außer den bereits genannten Autoren haben auch Robson (1967), Stern (1973) und andere hervorgehoben, wie fundamental wichtig es für die Entwicklung des Kindes ist, die Mutter anzuschauen und von ihr angeschaut zu werden. Was Kinder im Gesicht ihrer Mutter suchen – und ebenso in ihrer Stimme und ihren Berührungen –, ist Liebe. Dieses Gefühl der Liebe nehmen sie augenblicklich wahr, vermutlich durch Empathie, wie die Arbeit von Field und Mitarbeitern (1982) nahelegt. Meine Behauptung ist: Wenn das Bewußtsein der Mutter dem Kind nicht die Gefühlsintensität bietet, nach der es sucht, dann wird es diese Intensität in den weniger bewußten psychischen Äußerungen der Mutter finden.

Wir sind damit an den Punkt gelangt, an dem begreifbar wird, warum unbewußte Gefühle der Mutter und vor allem ihre unbewußten Erwartungen eine so entscheidende und manchmal verhängnisvolle Bedeutung erlangen können. Wenn die Mutter dem Kind keine starken *bewußten* Gefühle entgegenbringt, die ihm eine intensive Erfahrung emotionaler Bedeutsamkeit vermitteln, dann muß es in ihren *unbewußten* Regionen nach seelischer Nahrung suchen. Was es sucht und braucht, ist Intensität, und diese Intensität findet es dann in den Todes- und Zerstörungsphantasien, die seine Mutter aus ihrem Bewußtsein verdrängt hat.

Daß Kinder tatsächlich mit den unbewußten Seelenregionen ihrer Eltern Verbindung aufnehmen, gehört zur klinischen Erfahrung jedes Psychotherapeuten – ob er sich darüber Rechenschaft gibt oder nicht. Daß Kinder sich in unserer Gesellschaft so häufig verletzen, ist Ausdruck dieser Verbindung mit dem Unbewußten der Eltern und hat höchstwahrscheinlich sehr viel mehr mit den negativen Erwartungen der Eltern zu tun als mit echter Ungeschicklichkeit: Die Eltern trauen den Kindern einfach nicht zu, Gefahren selbst zu erkennen und sich zu schützen, und die Kinder verhalten sich dieser Erwartung entsprechend. So stellte Helen L. Martin vom Londoner Kinderkrankenhaus fest, daß 90 Prozent der Brandwundenfälle auf Spannungen zwischen Kindern und Müttern oder anderen Familienmitgliedern zurückzuführen waren (Liedloff 1980).

Der Erwartung der Eltern, daß das Kind sich verletzen werde, liegt ein unbewußter Wunsch zugrunde, der so stark verdrängt ist, daß er nur als Besorgtheit wahrgenommen werden kann; diese hochgradige Unbewußtheit einer feindseligen Tendenz unterscheidet solche Eltern von jenen, die ihre Kinder körperlich mißhandeln.

Es handelt sich um fundamental gespaltene Persönlichkeiten, die selber emotional verletzt wurden und Schuldgefühle haben, weil sie in ihrem eigenen Inneren das haßerfüllte, zerstörungswütige Kind ahnen. Wo die Eltern frei von Ambivalenz sind – so wie die Yequana in Venezuela (Liedloff 1980) –, kommt es auch in einer gefahrenreichen Umwelt so gut wie nie zu ernsthaften Verletzungen des Kindes.

Die Unbewußtheit der Mutter, die Abspaltung und Verleugnung ihrer Ambivalenz schafft also die Voraussetzung dafür, daß der Säugling in den fatalen Sog ihrer unbewußten Gedanken, Gefühle und Vorstellungen gerissen wird. Für ihn ist es ja lebenswichtig, seine emotionale Bedeutung für die Mutter intensiv zu erfahren; unbewußte Impulse aber sind immer intensiv; eben deshalb dürfen sie ja nicht bewußt werden. Sie werden in der Psyche des Kindes Engramme hinterlassen, bleibende Spuren, mit denen sich das wachsende Bewußtsein auseinandersetzen muß. Weil aber dieses Material seinem Wesen nach nicht integrierbar ist, muß sich das Kind im Schlaf und im Traum weiter damit beschäftigen. Mit Todeswünschen kann man nicht leben.

Der Traum, welcher das Aufwachen verhindert, kann entweder der intensiven Wunscherfüllung dienen oder der Notwendigkeit, Todeswünsche zu verarbeiten, die das Kind vor dem Einschlafen aufgefangen hat. Diese Wünsche der Mutter (oder auch des Vaters; alles was hier über Mütter gesagt wird, gilt in abgewandelter Form auch für Väter) waren vielleicht nur eine vorübergehende Phase in ihren eigenen psychischen Prozessen. Wenn der Säugling aber gerade dann mit ihnen konfrontiert wird, wenn er besonders empfänglich ist, schaffen sie die »Bühne« für das Drama des Plötzlichen Kindstodes. Im Traum, wo alles Ungelöste wieder auftaucht, wird das Kind versuchen, auch die Todeswünsche der Mutter zu verarbeiten. Bei Todesengrammen aber gibt es keine Lösung. Sie konfrontieren das Kind mit einer Ausweglosigkeit, die es vollkommen hilflos macht. Cannon und auch Richter haben diese Hoffnungslosigkeit als eine Grenzsituation beschrieben, die auch bei Erwachsenen zum plötzlichen und »unerklärbaren« Tod führen kann.

Hoffnungslosigkeit ist tödlich. Wird der Zustand der Hoffnungslosigkeit aber beendet, indem sich doch noch ein Ausweg öffnet, so kann – wie die Arbeit von Richter gezeigt hat – ein Organismus überleben, der bereits im Begriff war zu sterben. Auch die Arbeit von Visintainer und Mitarbeitern (1982) weist in die gleiche Richtung. Diese Forscher hatten Ratten in eine ausweglose Lage gebracht, indem sie ihnen die Möglichkeit nahmen, Elektroschocks auszuweichen, und beobachteten an den Tieren eine signifikant reduzierte Abwehrkraft gegen Tumore. Das Entscheidende für die Schwächung der Vitalität war, daß die Ratten alle ihnen zur Verfügung stehenden Verhaltensmöglichkeiten als wirkungslos erlebten. Damit wird der Überlebenswille im Kern getroffen. Es sollte nicht wundern, daß ähnliche – wenn auch ungleich kompliziertere – Vorgänge bei menschlichen Säuglingen den Lebenswillen zum Erlöschen bringen.

In jedem PKT-Fall, der hier untersucht wurde, hatte die Mutter gegenüber *allen* ihren Kindern ambivalente Gefühle, gegenüber dem PKT-Säugling waren sie aber besonders stark ausgeprägt. Im allgemeinen machte die Mutter ihr eigenes Gefühl, zu kurz gekommen zu sein, schon bald nach der Empfängnis gerade an diesem Kind fest. In manchen Fällen konnten die Mütter verbalisieren, daß sie sich selbst ums Bemuttertwerden betrogen fühlten.

Kempe (1972) hat solche Schwierigkeiten bei 20 Prozent von 1000 untersuchten Familien festgestellt. Wenn eine Mutter das Bemuttertwerden selbst hat entbehren müssen, dann hat sie Schwierigkeiten, es ihren eigenen Kindern zu gewähren. Es kann dann zu einer unbewußten Umkehrung der Rollen kommen: Die Mutter erwartet von ihrem Kind die Liebe, die ihr einst vorenthalten wurde und die sie nun dem Kind geben müßte (ähnliches gilt für einige der Väter in unserem Sample). Einige der von uns interviewten Mütter fühlten sich zum Beispiel beim kleinsten Anzeichen von Schmerz oder Unbehagen von ihrem Kind zurückgewiesen, sogar als es noch ein Fötus war.

Wenn das Kind seine Mutter nicht ganzheitlich wahrnehmen kann, weil ihr Verhalten zu widersprüchlich ist, wenn sich durch eine Störung der REM-Prozesse – die ja eine Voraussetzung neurologischer Reifung sind – Atmung und Herztätigkeit verändern, wenn die Saugaktivität beeinträchtigt ist, dann kann die Erwekkung zum Leben problematisch werden.

Heimann (1979) stellte bei Depression eine erhöhte negative

Rückkoppelung verschiedener psychophysiologischer Systeme fest. Die daraus resultierende Verminderung der physiologischen Reaktionsfähigkeit erhöht die Aufwachschwellen und macht das Aufwachen dadurch schwerer. Burdach schrieb schon 1830, daß »die Psyche sich während des Schlafes isoliert ... Dennoch ... werden wir nicht immer allein durch die Kraft der Sinnesempfindungen aufgeweckt, sondern durch die psychische Beziehung, die wir dazu haben; ein gleichgültiges Wort erweckt den Schlafenden nicht, wenn er aber beim Namen gerufen wird, wacht er auf ... Die Mutter wacht beim leisesten Geräusch ihres Kindes auf ... Wir können sogar durch das Fehlen eines Sinnesreizes aufwachen, sofern es etwas Wichtiges anzeigt ... Der Müller wacht auf, wenn die Mühle anhält.« (Zit. bei Oswald, Taylor und Treisman 1960.)

Aber was, wenn das Kind die Welt als gleichgültig erfahren hat und seinen Traumzustand dieser Sinnlosigkeit vorzieht? Oder wenn es die unbewußten Wünsche, die es aufgefangen hat, in seiner Traumarbeit auslebt? Gerade die Erfahrungen, die es im Wachzustand macht, können für das Kind eine Notwendigkeit begründen, in seiner Traumwelt zu verharren.

Zur Entwicklung des Traumlebens

Von entscheidender Bedeutung für die Entwicklung der Interaktionen zwischen dem Kind und seiner Umwelt sind die sehr unterschiedlichen Reaktionen der Erwachsenen auf Äußerungen von Zorn und Wut. Die Art dieser Reaktion ist in einem gewissen Grade vom Alter des Kindes abhängig. Je älter es wird, desto mehr bewerten die Eltern seine Wutausbrüche als etwas Ungehöriges, das unter Kontrolle gebracht werden muß. Unsere Kultur neigt dazu, Ärger und Wut bei Kleinkindern grundsätzlich nicht für berechtigt und begründet zu halten, sondern als Ausdruck eines Machtkampfes zu verstehen. »Das Kind will seinen Willen durchsetzen; es muß lernen, sich der ›Realität‹ zu fügen.« Die Mißbilligung und Unterdrückung berechtigter Wut aber muß wiederum Wut erzeugen. So schürt in unserer Kultur der Sozialisationsprozeß selber eben jene Gefühle, die diese Kultur verurteilt. Das bringt jedes Kind schon sehr früh in eine schwierige Lage. Weil Gefühle der Wut mit dem Liebesentzug seiner Eltern bedroht sind, muß es frühzeitig eine Angst vor diesen Gefühlen entwickeln.

Diese Angst vor der Wut gehört zu unserem Thema, weil sie die Entwicklung des Träumens beim Kind beeinflußt. Mit dem sechsten Monat beginnt sich in den Träumen nach meinem Eindruck eine neue Aktivitätsebene zu entfalten. Natürlich wird der tatsächliche Zeitpunkt dieses Übergangs von individuellen Unterschieden des Wachstums, der Reaktion der Eltern auf Wutäußerungen und anderem abhängen. Auf jeden Fall aber ändert sich durch die Reaktion der Eltern auf den kindlichen Ausdruck von Wut und Ärger allmählich der Charakter der Träume.

In der Literatur gibt es Berichte von Erwachsenen, die Erfahrungen des Würgens und Erstickens im Säuglingsalter noch einmal durchlebt haben. In der therapeutischen Praxis ist dies für Therapeut und Patient keine ungewöhnliche Erfahrung, sofern es gelingt, tief genug vorzudringen und die Wut in ihrer vollen Wucht zuzulassen.

Gerda Boyesen (1981) beschreibt einen Patienten in transaktionaler Körpertherapie. Es begann mit Entspannung durch Berührung von Hals und Stirn, so daß der Patient leichter atmen konnte. Die Bewegung seines Zwerchfells zeigte, daß starke Gefühle aufstiegen, und seine Arme begannen zu zittern. Als er gefragt wurde, was los sei, antwortete er, er fühle sich sehr klein, und etwas später, er habe jetzt das Gefühl, in seinem Bettchen zu liegen, und er habe Angst. Als er aufgefordert wurde, nach seiner Mutter zu rufen, sagte er, es sei sinnlos, denn sie würde nicht kommen. Er hatte zutiefst resigniert und sagte, er habe Angst vor ihrem Kommen, obwohl er so sehr wünsche, daß sie da wäre. Dann sagte er, daß er in seinem rechten Kiefer Schmerzen empfinde, und fing an zu beißen. Als die Therapeutin ihm ein Handtuch zwischen die Zähne steckte, biß er mit Lust zu. Dieses Beißen führte jedoch sehr bald zu so starken Krämpfen in seiner Kehle, daß er einen Erstikkungsanfall bekam. Er wurde rot im Gesicht und rang nach Luft. Am nächsten Tag sagte er seiner Therapeutin, er sei vor Entsetzen eiskalt gewesen, und dieses Entsetzen war der Tod. Er habe gewußt, daß er an der Schwelle des Todes gestanden habe, hätte seine Mutter aber nicht rufen können. Er hätte vor Angst keinen Ton hervorbringen können.

Boyesen kommt in diesem Zusammenhang auf eine eigene Erfahrung aus ihrer Selbstanalyse zu sprechen. Sie war damals mehrmals in der Nacht aufgewacht und hatte nicht atmen können: »Es war höchst sonderbar. Ich spürte keine Spannungen in meiner Kehle und hatte keine Schmerzen. Ich war ganz klar, und es fehlte mir nichts. Nur atmen konnte ich nicht. Es war, als ob sich die Kehle nicht öffnen konnte, obwohl sie durch nichts behindert war. Ich konnte einfach nicht atmen, als hätte ich keinen Atmungsmechnismus mehr. Ich konnte es nicht fassen ... Aber dann merkte ich, daß ich sterben würde, wenn ich nicht wieder anfing zu atmen. Ich versuchte einen Laut hervorzubringen, konnte es aber nicht. Ich versuchte mich aufzusetzen und aufzustehen. Mit einem Ruck meines ganzen Körpers und einer gewaltigen Anstrengung gelang es mir, den Zustand zu durchbrechen und Laute in der Kehle zu erzeugen. Ich hatte es geschafft. So war ich in der Lage zu verstehen, was bei meinem Patienten vorging. Als ich ihn aufforderte, ›Mama‹ zu rufen oder einen Ton von sich zu geben, konnte er das nicht, weil kein Atem da war, keine Stimme ... In einer anderen Nacht wachte ich wieder im gleichen Zustand auf ..., plötzlich wußte ich, daß auch ich eine Überlebende des Plötzlichen Kindstodes war ... Es passierte immer nur im Schlaf, wahrscheinlich beim Übergang zur REM-Phase.«

G. Boyesen bringt diese Erfahrung in Zusammenhang mit der Art, wie sie als Baby gefüttert wurde: »Meine Mutter nahm mich immer wieder von der Brust ab, um mich zu triezen; sie fand mich nämlich so süß, wenn ich wütend war...« Dies ist ein Beispiel dafür, wie Persönlichkeitsstörungen der Mutter das Problem der Wut für das Kind noch komplizierter und auswegloser machen können.

Die zitierten Erfahrungen sind in unserem Zusammenhang bedeutsam, weil sie auf die Möglichkeit hinweisen, daß Wut über unbefriedigte Bedürfnisse einen Träumer tatsächlich paralysieren kann, wenn er gerade dabei ist, traumatische Erfahrungen zu verarbeiten, die er im Wachzustand nicht bewältigen konnte. Die Lähmung wäre dann Folge des Entsetzens vor der eigenen Aggressivität. Denn Aggressionen gegen das Liebesobjekt (die Mutter) kann das Kind nicht integrieren oder bewältigen, wenn es spürt, daß sein Verlangen nach Liebe die Mutter aggressiv macht. Das ist auch im Wachzustand eine ausweglose Situation. Die

Lähmung trifft nicht nur die Psyche, sondern beeinträchtigt ernstlich die physiologischen Prozesse der Atmung.

Es ist bekannt, daß solche Erfahrungen der Ausweglosigkeit auch asthmatischen Zuständen zugrundeliegen und ganz allgemein bei Atemschwierigkeiten eine Rolle spielen, die Menschen unter emotionalem Streß haben. Die zitierten Berichte bestärken mich in der Vermutung, daß es beim Kind während eines Wuttraumes zur Atemlähmung kommen kann, die zum Plötzlichen Kindstod führt.

Wir können es also in der Vorgeschichte des Plötzlichen Kindstodes mit zwei verschiedenen Ebenen der Traumarbeit zu tun haben. Auf der ersten ist das Kind so stark von Träumen absorbiert, die entweder sein Verlangen nach Liebe halluzinatorisch sättigen oder aber die unbewußten Todeswünsche der Mutter widerspiegeln, daß die Aufwachschwelle erhöht ist.

Auf der zweiten, entwicklungsgeschichtlich späteren Ebene, hat sich die emotionale Situation dadurch zugespitzt, daß das Kind inzwischen auf seine eigenen Gefühle von Wut und Aggression mit panischer Angst reagiert. Hier kann der Traum direkt zu einer Lähmung des Atmungsapparates führen. Voraussetzung für den tödlichen Ausgang ist auf beiden Ebenen eine bereits vorhandene Schwächung der physiologischen Substruktur, bedingt, wie bereits ausgeführt, durch überlange REM-Phasen, Reafferenz, Defekte im Fokussieren und so weiter.[9] Für den Prozeß auf der zweiten Ebene muß die Bindung zwischen Mutter und Kind immerhin schon hinreichend stark gewesen sein, daß sich ein so komplexes emotionales Dilemma wie die Panik vor der eigenen Wut aus Angst vor Liebesverlust überhaupt entwickeln konnte. Die Unmöglichkeit, sich aus einem solchen emotionalen Engpaß zu befreien, erzeugt jene Hoffnungslosigkeit, die Cannon und Richter für »unerklärbare« Todesfälle verantwortlich machen.

Die zwei Phasen des PKT-Risikos

Die frühen Todesfälle aus unserem Interviewsample ereigneten sich in den folgenden Familien (in Klammern das Alter des Kindes in Monaten): B (zweieinhalb), C (drei), D (drei), E (zweieinhalb), H (dreieinhalb), J (zwei), N (vier) und O (zweieinhalb). Stark selbstbezogen waren alle von uns befragten Mütter; die acht Mütter der schon vor dem fünften Lebensmonat verstorbenen Kinder zeichneten sich dadurch aus, daß sie für die Kinder einfach ›nicht da‹ waren. Frau B. empfand ihren Sohn von Beginn der Schwangerschaft an als fremd. Frau C. hatte bei diesem Kind das Gefühl, daß ihr alles zu viel wurde. Frau D.s Beziehung zu ihrer Tochter war geprägt von ihrem eigenen Bedürfnis nach einer »Puppe«. Frau E. hatte das Gefühl, daß das Kind ihr die Aufmerksamkeit und Zuwendung wegnahm, nach der sie selber sich sehnte. Frau H. steigerte sich bei ihrem PKT-Kind immer mehr in das Gefühl eigener Verletzlichkeit und Zurückgesetztheit hinein. Frau J. hatte für dieses zweite Kind einfach keine Energie, sie war vollkommen in sich selbst gefangen. Frau N. war realistisch, hatte aber wenig Wärme zu geben; ihr Ehemann hegte gegenüber seinem Sohn unbewußte Todesgedanken. Frau O. war erreichbarer für ihr Kind als Frau J., aber von ihrem Ehemann gingen unbewußte Todesimpulse aus.

Die Todesfälle nach dem sechsten Lebensmonat des Kindes ereigneten sich in folgenden Familien (in Klammern das Alter in Monaten): A (sieben), F (sechseinhalb), G (neun), J (neun), L (siebeneinhalb), M (sechseinhalb). Den Müttern dieser Gruppe fehlte zwar ebenfalls das emotionale Engagement für ihre Kinder, sie nahmen sie aber intensiver wahr. Frau A. spürte deutlich die Intensität ihres Kindes, lehnte es aber zunehmend ab, weil sie es für ihre eigenen Bedürfnisse als störend empfand und weil sich der Vater diesem Kind immer mehr zuwandte. Ihre wachsende Ablehnung des Kindes spiegelte ihre eigene wachsende Selbstablehnung wider. Frau F. ging zwar auf ihr Kind ein, blieb dabei aber stark mit sich selbst beschäftigt. Im sechsten Monat verstärkten sich die Todesphantasien über ihr Kind, anscheinend als Folge ihres unbewußten Gehorsams gegenüber den Todeswünschen ihrer psychotischen Schwiegermutter, deren Virulenz zu dieser Zeit gerade einen Höhepunkt erreicht hatte. Frau G. legte größten Wert auf ihr gesellschaftliches Image als Mutter, folgte zugleich aber einem bewußten Ideal der guten Mutter, die das Richtige tut. Der Tod ihres Kindes ereignete sich, als ihr Mann sie gerade zum ersten Mal wegen einer Geschäftsreise verlassen hatte. Ihre Bemerkung, ihr Mann würde so lange wegbleiben, daß die Tochter bei seiner Rückkehr schon krabbeln könne, deutete auf ein unbewußtes Gefühl eigener Verlassenheit hin. Frau J. schien anfangs zwar für ihr

Kind da zu sein; dies änderte sich aber, als sie das Gefühl bekam, daß sich ihre Schwiegereltern zu sehr an dem Kind freuten. Offenbar von diesem Zeitpunkt an lehnte sie ihr Kind unbewußt ab. Bei Frau L. war der Ehemann ungewöhnlich warmherzig und fürsorglich. Bei Frau N. ist die Situation unklar.

Diese Eindrücke lassen vermuten, daß die Mehrzahl der Kinder, die nach dem sechsten Monat starben, anfangs mehr lebensfördernde Impulse empfangen haben als die Kinder der ersten Gruppe.

Ablehnung des Kindes und Kindsmißhandlung

Entscheidend an der Art von elterlicher Ablehnung des Kindes, mit der wir es in unserem Sample zu tun haben, ist nicht, daß das Kind bewußt als Quelle des Unbehagens und des Leidens oder auch als Bedrohung erlebt wird. Entscheidend ist, daß die Ablehnung als solche unbewußt bleibt und die Fähigkeit, empathisch mit dem Kind zu fühlen und sich an seiner Individualität und Lebendigkeit zu freuen, erheblich herabgesetzt ist. Die Mütter scheinen ihrerseits durchwegs einen Mangel an mütterlicher Zuwendung erfahren zu haben. Aus dieser Entbehrung heraus erwarten sie unbewußt von ihren Ehemännern Fürsorglichkeit und Bemuttertwerden und fügen sich damit in ein Rollenschema ein, wie es der traditionellen Vorstellung von der Institution Ehe entspricht. Sie akzeptieren mit dieser »Lösung« also eine Abhängigkeit, aus der Feindseligkeit erwachsen muß, die nicht bewußt werden darf.

Damit wird die Ehe selber zu einer Quelle wachsender Unbewußtheit. Die daraus resultierende Ablehnung von Kindern wird ein wesentlicher Bestandteil des Machtgefälles, das durch die Institution Ehe gefördert wird. Da Abhängigkeit und Feindseligkeit nicht ins Bewußtsein treten dürfen, wächst die Feindseligkeit immer mehr an und damit die Notwendigkeit, Feindseligkeit zu verdrängen. Daraus resultiert eine ganz andere Art von Ablehnung als bei Eltern, die ihre Kinder körperlich mißhandeln.

Solche Eltern mögen zwar leugnen, daß sie gewalttätig sind, aber die Gewalttätigkeit ist nicht der Wahrnehmung entzogen; sie ist vielmehr offenkundig und ein fester Bestandteil des Alltagslebens. Es gehört zu den Paradoxien des Lebens, daß die Befriedigung, die manche Eltern aus sadistischen Quälereien an ihren Kindern ziehen, deren Überlebenswillen anzufachen scheint. Elterlicher Sadismus schafft eine Bindung an die gewalttätigen Eltern und führt bei den Kindern dazu, daß sie auf liebevolles Verhalten aggressiv reagieren. Mary Main (1977) hat diesen Prozeß ausführlich dargestellt. Von seiner Mutter oder seinem Vater gebraucht zu werden – und sei es auf unmenschliche Weise –, scheint eine Art zündender Funke zu sein, der den Willen anstachelt, um das eigene Leben zu kämpfen. Verhängnisvoll ist es für den Säugling dagegen, wenn er überhaupt nicht mehr erfährt, daß er in den Augen der Mutter irgend eine Bedeutung hat. Der Augenkontakt zwischen Mutter und Kind scheint einer der entscheidenden Kanäle zu sein, über den diese Bedeutung dem Kind mitgeteilt wird.

Wenn das Auge der Mutter zum blinden Spiegel wird, in dem das Kind nicht den Gefühlsimpuls entdecken kann, den es braucht, dann sucht es diesen Impuls im Unbewußten der Mutter. Denn nur dort findet es die Gefühlsintensität, die die Eltern sich bewußt nicht gestatten. Die Phantasien oder flüchtigen, aber intensitätsgeladenen Bilder von Tod und Zerstörung, die es dort empathisch erspürt, werden dann Teil der eigenen Erfahrungswelt des Kindes, und mit ihnen vor allem muß es sich in seinen Träumen auseinandersetzen, weil es sie im Wachzustand nicht bewältigen konnte. Denn im Traum, dessen Funktion sich durchaus nicht in der Wunscherfüllung erschöpft, versucht das sich entwickelnde Selbst mit sich selber und seinen lebenswichtigen Beziehungen klar zu kommen.

Träume sind im Säuglingsalter wahrscheinlich noch nicht so differenziert wie später und drücken Gefühle wie Freude, Verlust, Leere oder Verzweiflung wohl noch sehr viel direkter aus. Der spezifische Charakter schizophrenen Träumens – hier ist Grofs Arbeit (1978) sehr wichtig – könnte einen Hinweis auf die Träume der frühen Kindheit geben. Für den entscheidenden Punkt halte ich, daß der Säugling noch nicht zwischen Traumbild und Tageswirklichkeit unterscheiden kann. Selbst Erwachsene sind mitunter so stark von einem Traum gefangen genommen, daß sie ihn nach dem Erwachen noch für einige Augenblicke für real halten.

Bei Kindern ist dieser Effekt noch weitaus stärker, weil die emotionale Erfahrung im Traum noch ganz direkt (sehr viel direkter als später) wiedererlebt wird. Spätestens um den neunten Lebensmonat läßt dieses starke Gefangensein von der Realität des Traumes wahrscheinlich nach, weil das Kind sich allmählich bewußt wird, daß es träumt. Solange der Bann des Traumes aber so mächtig ist, kann eine Lähmung des Atems zum Tod führen. Die Gefahr des Erstickens führt nicht zum Aufwachen, weil das Kind zwischen Wachsein und Traumzustand nicht unterscheidet. Darum kann es nicht um sein Leben kämpfen.

Wir haben es hier mit einer tragischen Situation zu tun. All die PKT-Eltern, mit denen wir gesprochen haben, haben durchaus Vorstellungen davon, was Menschlichkeit ist. Sie können aber, befangen wie sie in traditionellen gesellschaftlichen Rollenmustern sind, ihre eigenen Verletzungen und ihre daraus resultierende Wut nicht erkennen, weil Wut ihr Selbstbild sprengen und ihre Anpassung gefährden würde. Sie werden darum unbewußt. Eltern, die ihre Kinder mißhandeln, haben keine solche Vision von Menschlichkeit und können darum ihre aggressiven Impulse ungehemmt ausleben. Nach einer Untersuchung von Gil (1970) hat jeder fünfte erwachsene Amerikaner das Gefühl, er könnte ein Kind mißhandeln; 16 Prozent gaben zu, daß sie sich manchmal kaum zurückhalten konnten. Das Tragische ist: Ein Kind, das sich auf die unbewußte, abgespaltene Destruktivität seiner Eltern eingestellt hat, hat unter Umständen geringere Überlebenschancen als das halb zu Tode geprügelte Kind. Es gerät in einen Sog, der zum Plötzlichen Kindstod führen kann.

Schlußfolgerung

Diese Überlegungen legen es nahe, den Plötzlichen Kindstod zum Teil als Ausdruck der wachsenden Gespaltenheit zu sehen, in die Frauen und Männer, die noch fühlen können, in unserer Gesellschaft hineingetrieben werden. In einer Welt, die die Verwirklichung von Menschlichkeit schwer macht, weil der kulturelle Druck zunehmend Konformität belohnt und damit Destruktivität fördert, wird Unbewußtheit zum Weg der Anpassung.

Die Zunahme des Plötzlichen Kindstods, die Emery 1958 als erster registrierte, spiegelt vielleicht die wachsende Abspaltung aggressiver Impulse wider und zugleich das Festhalten vieler Frauen und Männer an einer Vision von Menschlichkeit, die sie dem entmenschlichenden Druck unserer Gesellschaft entgegensetzen. Weil dieser Widerstand unbewußt bleibt, können die verdrängten destruktiven Impulse ihre tödliche Wirkung auf das Kind entfalten. So kommt es zu einem schrecklichen Paradox: Am Plötzlichen Kindstod sterben nicht die Kinder von Eltern, deren Menschlichkeit am meisten abgestumpft ist, sondern die Kinder jener Eltern, die noch die Dissonanz zwischen ihren aggressiven Gefühlen und dem Wissen von ihrer eigentlichen Bestimmung zu spüren vermögen.

Die Annahme, daß abgespaltene Gefühle Teil des Prozesses sind, der zum Plötzlichen Kindstod führt, wird auch durch eine Untersuchung von Carpenter und Mitarbeitern (1983) gestützt, obwohl das Erkenntnisinteresse dieser Autoren gar kein eigentlich psychologisches war. Ihrer statistischen Analyse des Sheffield Intervention Programms läßt sich entnehmen, daß regelmäßige Hausbesuche bei Müttern PKT-gefährdeter Säuglinge (bis zur 20. Lebenswoche alle 14 Tage, danach in größeren Abständen) eine signifikante Verringerung der unerklärlichen Todesfälle um immerhin 33 Prozent zur Folge hatten. Dieser bemerkenswerte Wandel wurde nicht durch medizinische Interventionen bewirkt, sondern durch menschliche Zuwendung und verständnisvolles Gespräch.

Aus der psychotherapeutischen Erfahrung wissen wir, wie sehr eine Person wachsen kann, wenn sie sich akzeptiert fühlt. Denn die Wirksamkeit der therapeutischen Arbeit beruht zu einem ganz erheblichen Teil darauf, daß die verständnisvolle und einfühlsame Haltung des Therapeuten den Patienten aus seiner Isolation erlöst und es ihm damit möglich macht, seine Unbewußtheit zu reduzieren. Die Isolierung des Patienten von sich selbst, die mit der Dissoziation der Gefühlswelt verbunden ist, wird durchbrochen, und damit können die abgespaltenen Gefühle an Intensität verlieren. Die Arbeit von Carpenter und Mitarbeitern deutet auf einen ähnlichen Vorgang hin. Weil diese Mütter von einer verständnisvoll auf sie eingehenden Person begleitet wurden, konnte – so dürfen wir annehmen – der Druck ihrer Abhängigkeitsgefühle gegenüber dem Ehemann und ihrer narzißtischen Ressentiments gegen das Kind abnehmen. Dies berechtigt zu der Hoffnung, daß verständnisvolle Zuwendung zu den Eltern und Hilfe beim Ausdruck ihrer abgespaltenen Gefühle zu einer Verringerung der Häufigkeit des Plötzlichen Kindstodes beitragen können.

Wärme, Interesse aneinander, körperliche Berührung – das sind die Grundelemente echten menschlichen Kontakts, der unter den entfremdenden Zwängen unserer Gesellschaft verkümmert. Im Rahmen des Sheffield Intervention Programms wurde Müttern, die mit ihren Kindern allein gelassen waren, die Möglichkeit zu solchem Kontakt gegeben, und die Arbeit von Carpenter und Mitarbeitern zeigt, daß der Kontakt allein schon die psychische Integration zwischen Mutter und Kind in eine positive Richtung lenken kann. Das Gegenbeispiel liefert Valdes-Dapena (1967) mit der Beobachtung, daß PKT-Mütter während der beginnenden Schwangerschaft signifikant weniger oft einen Arzt aufgesucht hatten als die Mütter einer Kontrollgruppe. Dies ist ein Beispiel für die Selbstverstärkung der Isolation bei dissoziativen Prozessen: Der von sich selbst abgespaltene Mensch isoliert sich immer mehr. Die Untersuchung Carpenters zeigt, wie diese Isolation durchbrochen und die Abspaltung der Gefühlswelt gelindert werden kann. Die Lage des Kindes wird dadurch weniger aussichtslos, und es kann zurück ins Leben finden.

Der auffallend starre Blick von PKT-Kindern ist ein weiterer Hinweis darauf, daß sich tatsächlich derartige Entfremdungsprozesse abspielen. Dieses Anstarren ist im Zusammenhang mit dem Autismus als Ausdruck von Bindungs- und Beziehungsschwierigkeiten beschrieben worden. Es scheint, daß der Plötzliche Kindstod und der Autismus in ihren Entstehungsbedingungen etwas gemeinsam haben: Beide spiegeln die entfremdenden Wirkungen unserer technologischen Welt (Welch 1984a, 1984b, 1991; Victor 1983; Prekop 1982). Die Lebensumstände, die eine Mutter oder einen Vater daran hindern, ihren Groll und ihre Wut wahrzunehmen und auszudrücken, schaffen das emotionale Klima, in dem es zum autistischen Rückzug wie zum Plötzlichen Kindstod kommen kann.

Daß das Sheffield Intervention Programm in der Lage war, die Zahl der zu erwartenden PKT-Fälle zu verringern, zeigt einerseits, welche entscheidende Rolle die zwischenmenschliche Entfremdung beim Plötzlichen Kindstod spielt, andererseits aber auch, daß man gegen diese Entfremdung etwas tun kann. Wenn man einem Menschen die Hand reicht, der unter der Dissoziation seiner Gefühle leidet, kann dem Plötzlichen Kindstod entgegengewirkt werden. Darin liegt Hoffnung.

Zusammenfassung

Ich habe eine biosoziale Theorie des Plötzlichen Kindstodes vorgelegt, die von einem Zusammenwirken neurophysiologischer, psychischer und sozialer Faktoren ausgeht. Wenn eine Mutter (oder die bemutternde Person) sich nicht einfühlsam genug auf das Kind einstellen kann, wird das grundlegende Wechselspiel zwischen den Erwartungen des Kindes und den Stimulierungen von außen gestört. Das Kind saugt nicht genug, der REM-Schlaf wird verstärkt, und die Träume werden so bannend, daß die Aufwachschwelle erhöht ist. Apnoe, die normalerweise das Aufwachen auslösen würde, kann unter diesen Umständen zum Tode führen.

Etwas anders verläuft der Prozeß bei Kindern, deren Bindung an die Mutter sich zunächst günstiger entwickelte, dann aber zerstört wurde. Sie machen zwischen dem sechsten und neunten Lebensmonat eine Periode erhöhter Lebensgefahr durch. Hier kommt es zu einer Wechselwirkung zwischen dem spezifischen Charakter des Traumerlebens in dieser Altersphase und dem Druck eines soziokulturellen Umfeldes, das Wut erzeugt, aber den Ausdruck der Wut nicht zuläßt. Die Angst vor der Wut kann so überwältigend sein, daß es zu einer direkten Lähmung der Atmung kommt.

Dem elterlichen Verhalten, das den Plötzlichen Kindstod begünstigt, liegen innere Abspaltungsprozesse zugrunde. Doch darin liegt auch unsere Hoffnung. Die Gefahr des Plötzlichen Kindstodes kann gebannt werden, wenn alle Möglichkeiten ausgeschöpft werden, diese Abspaltung zu überwinden.

Die Forschungen auf dem Gebiet des Plötzlichen Kindstodes sind weitgehend immer noch von einer Sicht bestimmt, die nach spezifischen Ursachen sucht, ohne das gesellschaftliche Umfeld und seine Wechselwirkungen mit dem sich entwickelnden Kind miteinzubeziehen. So wird zum Beispiel in den letzten Jahren die Bauchlage des Säuglings als Ursache dieses Todes diskutiert. Was eine solche Sicht fördert, ist ein allgemein vereinfachtes Denken, das sowohl zu Theorien führt, die die Tatbestände selbst verschleiern, als auch dazu, daß die Gegenmaßnahmen, die schon heute möglich sind, versperrt werden.

Die Konzentration auf die Bauchlage ist ein Beispiel für eine Wissenschaftlichkeit, die, da sie das Umfeld nicht beachtet, im Grunde unwissenschaftlich ist. Davis (1985) zeigte in einer epidemiologischen Untersuchung des Kindstodes in Hongkong sehr überzeugend, daß PKT dort, im Vergleich zu den meisten westlichen Ländern, selten war. Er stellte auch fest, aber nur als Nebenerscheinung, daß Säuglinge in Hongkong zum Schlafen fast immer auf den Rücken gelegt werden. Dies löste dann die vereinfachte Annahme aus, daß die Bauchlage die Ursache für PKT sei. Ein solcher Fehlschluß scheint nur möglich zu sein, wenn das gängige Denken eine Gesamtsicht verschmäht.

Davis selber sah diese Verhaltensfacette nicht als Auslöser, sondern als einen Zustand, dessen Bedeutung sich aus der Gesamtsituation des Säuglings erschließt. Die Bauchlage, schrieb er, kann die Atmung dort erschweren, wo die Atemwege und ihre Funktion schon von vornherein beeinträchtigt sind. Im Gegensatz zu den Forschungen, die die Bedeutung der Bauchlage hervorhoben, zeigte er, wie der Einfluß der elterlichen Lebensweise und ihrer Verhaltensformen zum Auslöser dieses Todes werden können. »Die gesellschaftliche Stabilität des Familienzusammenhalts ist (in Hongkong) größer als in vielen westlichen Ländern; frühe Ehen wie auch unerwünschte Kinder sind selten; und eine starke, unterstützende, erweiterte Familie existiert (für die Mutter) ..., Babys werden viel weniger allein gelassen.« Überhaupt beobachtete er, daß der körperliche Kontakt mit Säuglingen, *auch während des*

Schlafes, fast ununterbrochen war. »Ist es möglich«, so Davis, »daß der allgegenwärtige körperliche Kontakt mit dem schlafenden Baby das Risiko des Plötzlichen Kindstodes verringert?«

Es gibt neuerdings vermehrt eine Forschungssicht, die das gesellschaftliche Umfeld miteinbezieht. Sie unterstützt nicht nur Davis Vermutungen, sondern auch die Sicht meines Buches. Balarajan und Mitarbeiter (1989) fanden heraus, daß in England und Wales PKT selten bei Kindern aus asiatischen und afrikanischen Familien zu finden ist. Auch in Ländern und Gegenden, wo Säuglinge nicht ihre eigenen Schlafräume haben, wie in Teilen von Schweden, Israel, Holland und der Tschechoslowakei, ist das Auftreten von PKT viel seltener als in Kanada, Nordirland, Oxford (England) und im amerikanischen Staat Washington (Valdes-Dapena 1980).

Daß es der Kontext des Säuglingslebens ist, der einbezogen werden muß, um PKT zu verstehen und zu verhindern, wird auch von den Forschungen an der Sheffield Universität (Knowelden u.a. 1985) unterstützt. Ihre Befunde weisen darauf hin, daß es nicht einzelne Indikatoren wie Stillen, Rauchen, Geburtsgewicht oder das Geschlecht des Kindes sind, die als Ursache gelten können, sondern die *Dynamik* ihrer miteinander verbundenen Wechselwirkungen innerhalb der Gesamtsituation des Kindes. So ist es bezeichnend, daß in dieser Analyse von 214 Fällen nicht das Stillen selber ausschlaggebend für die Verhütung von PKT war, sondern die *Absicht* der Mutter zu stillen. Wenn die Absicht der Mütter zu stillen unterstützt wurde, führte dies zu einer signifikanten Reduzierung von PKT (vgl. auch Carpenter 1983). Hieraus ist offensichtlich zu schließen, daß wir es mit der gesellschaftlichen Umwelt zu tun haben, welche die Einstellung der Mutter zum Muttersein beeinflußt.

Marianne Willinger vom National Institute of Child Health and Human Development prägte das Konzept der Verwundbarkeit der PKT-Babys, um die Wechselwirkung zwischen Umfeld und Anlage besser zu konzeptualisieren. Diese Verwundbarkeit (siehe in diesem Buch die Diskussion von Naeyes Forschungen) dreht sich um die Schwierigkeit mancher Säuglinge, sich von einer Hypoxia (Sauerstoffmangel im Gewebe) oder einer lebensbedrohenden Arrhythmie (Änderung im Herzrhythmus) zu erholen. Kinder, die aus Entwicklungsgründen, wie von Naeye beschrieben, solche Schwierigkeiten haben, sind besonders gefährdet, weil die Wiederherstellung von Atmung oder Herzrhythmus *während des Schlafes* abhängig ist von der Aktivierung zentraler Gehirn-Erwachens-Reaktionen auf Sauerstoffmangel im Blut.

Nun ist aber die Atmung selber einer Entwicklung ausgesetzt, die vielseitig vom Umfeld des Kindes bestimmt wird. Bei der Geburt existiert ein Luftholreflex, der die Sauerstoffzufuhr während eines Erstickungsanfalls unterstützt. Gunteroth (1977) hat neben anderen gezeigt, daß Säuglinge diesen Reflex einige Wochen nach der Geburt verlieren und dadurch in ihrer Atmung anfällig werden können, wenn Apnoes und andere periodische Atmungsausfälle eintreten. Dieser Reflex mag auch der Grund sein, warum PKT im ersten Lebensmonat nicht eintritt. Andere Reflexe, wie der Brustkorbmuskelspindelreflex, beherrschen danach die Atmungsfunktionen. Diese Reflexe sind aber durch Konditionierung beeinflußt. Das bedeutet, daß Lernen durch die Interaktion mit der den Säugling umgebenden Umwelt einsetzt. Bis ein Kleinkind seine Atmung stärken und stabilisieren kann, braucht es etwa neun bis zwölf Monate (Montagu 1953).

Hier setzt der Einfluß der Umwelt des Säuglings auf seine Atmung und Herzfunktion an. Diese Interaktion ist komplex und für jedes Wesen anders. Burns und Lipsitt (1991) weisen darauf hin, daß zum Beispiel ein gestreßtes Kind eine ganz andere Lernfähigkeit entwickelt als ein weniger oder nicht gestreßtes. Da der emotionale Streß, dem ein Kind ausgesetzt ist, dazu führen kann, daß es als Schutz ein Verhaltensmuster der Passivität entwickelt, werden manche Kinder lernen können, sich gegen Hypoxia oder eine lebensbedrohende Arrhythmie zu schützen.

Naeye und Mitarbeiter (1976) zeigten, daß PKT-Opfer weniger aktiv und intensiv waren als eine Kontrollgruppe. Apathie war ein wichtiges Verhaltensmuster vor ihrem Tod. Einspieler und Mitarbeiter an der Universität Graz (1988) haben sich auch mit diesem Phänomen befaßt. Das Fehlen einer synchronisierten Beziehung zwischen Mutter und PKT-Opfer, was Streß verursacht, fördert möglicherweise nach Burns und Lipsitt beides, die Passivität und die Lernunfähigkeit, wichtige Überlebensmechanismen (wie bei der Atmung) zu entwickeln.

Wie das Nicht-Lernen bei der Atmung zustandekommen kann, haben McKenna und Mitarbeiter an der Universität von California in einer Reihe von Studien gezeigt (1990 a, b, c). Er führt aus, daß die Entwicklung der westlichen Gesellschaften zu einem Konflikt zwischen Eltern und ihren Säuglingen geführt hat. Das Kind hat ein andauerndes Bedürfnis nach körperlichem Kontakt im ersten Lebensjahr. Welch (1984b), Montagu (1982), Portmann (1944) und andere (Gruen, Prekop 1986) hatten dies auch schon früher belegt. McKenna jedoch betont, wie in unseren industrialisierten Gesellschaften eine Kinderfürsorge organisiert wird, die in eine diesem Bedürfnis entgegengesetzte Richtung führt, weil sie darauf besteht, daß das Kind allein schläft und so ohne andauernden körperlichen Kontakt ist. Eine Konsequenz ist ein verlängertes und vertieftes Schlafverhalten für Säuglinge, welches dem sich langsam entwickelnden und verletzlichen Zentralen Nervensystem *nicht* die Gelegenheit bietet, die Atmung und das Erwachen aus dem Schlaf adäquat zu entwickeln (Call 1986).

McKenna betont, daß sich durch den Körperkontakt zwischen Säugling und Mutter die Möglichkeit des Kindes, bei Gefahren, wie dem Ausfallen der Atmung, aufzuwachen, erhöht. Schläft das Kind aber allein, wird alles verhindert, was zu einer Stärkung des Aufwachverhaltens führen könnte. Und noch schlimmer, das Schlafen des Kindes wird zum Kampf zwischen Eltern und Kind. Was ein natürlicher Aufwachzustand sein sollte, wird zum Anlaß, dem Kind Unzulänglichkeits- und Schuldgefühle einzuflößen. Haß und Unmut werden zum Merkmal der Beziehung. Wir möchten, daß unser Kind unabhängig wird, glauben dies durch ein verlängertes und vertieftes Schlafmuster zu erreichen, und merken nicht, daß die Symbiose (oder Abhängigkeit) während des ersten Lebensjahres die beste Vorbereitung für eine spätere Unabhängigkeit und Autonomie des Kindes ist. Nicht nur behindert unsere Kultur alles, was vom neurophysiologischen her zur Stärkung der Atmung führen kann, sondern dieser ganze Vorgang wird durch negative emotionale Einwirkungen, die der Schlaf-»Konflikt« fördert, zusätzlich durchsetzt. Hier wird schon die Grundlage für die Verzweiflung und Hoffnungslosigkeit gelegt, von der unsere Kindererziehung durchtränkt ist.

Daß in der Tat unsere Kultur von Haß und Lieblosigkeit geprägt ist, obwohl wir uns an ein Image klammern, das das Gegenteil propagiert, wird von einer anderen traurigen Statistik belegt: An Tagen, an denen beide, Vater und Mutter, mit ihren Kindern zusammen sind, steigt die Häufigkeit des Plötzlichen Kindstods. Die fünfjährige schwedische PKT-Studie von Norvenius (1987) zeigt, auf der Basis von 334 PKT-Fällen, daß im Vergleich zu einer Kontrollgruppe von nicht-PKT-gestorbenen Kindern statistisch signifikant mehr PKT-Fälle an Samstagen, Wochenenden und Feiertagen eintraten. Die gesellschaftliche Sicht deutet immer wieder darauf hin, daß ein Schlüssel zu diesem Tod in der Beziehung zwischen Müttern und Vätern liegt. Deswegen wird die Verbesserung der Beziehung zwischen den Eltern, die Unterstützung der Mütter in ihrer Not und Isolation (wie die Sheffield-Studie es belegt), diesem Sterben entgegenwirken.

Christine Schmidt (1984) überprüfte direkt soziale und psychologische Belastungen in einer empirischen Untersuchung von 94 PKT-Müttern und 68 Müttern von gesunden Säuglingen (parallelisiert nach Alter, Herkunft und sozialer Schicht).

Die familiäre Situation von 73 Prozent der betroffenen Frauen, gegenüber 21 Prozent der Kontrollgruppe, war von Depression, Sucht, Anorexia Nervosa und Migräne geprägt. 54 Prozent der betroffenen Eltern hatten eine traumatische Kindheit, geprägt von Alkoholismus, Mißhandlungen oder zerrütteten Familienbeziehungen. Bei 65 Prozent der betroffenen Eltern lag eine gestörte Beziehung vor, die sich in gegenseitiger Ablehnung der Eltern zeigte. Die Kindesväter äußerten häufig Abtreibungswünsche, andere waren viel von der Familie getrennt und kümmerten sich wenig um sie. »Für viele betroffene Mütter (75 Prozent) war die Schwangerschaft eine extreme Belastungssituation ... Deshalb waren (sie) – ohne Hilfe – oft unfähig, die Bedürfnisse des Säuglings wahrzunehmen und zu befriedigen.« Bei 73 Prozent der Betroffenen war die Mutter-Kind-Beziehung gestört, während dies nur bei 13 Prozent der Kontrollgruppe der Fall war.

Da 60 Prozent der Säuglinge auf diese Belastungen mit somatischen Symptomen reagierten, schrieb Schmidt, daß die ungenügende Bedürfnisbefriedigung die Säuglinge hilflos und verwundbar machte: Wie Burns und Lipsitt (1991) spricht sie von der Unfähigkeit zu lernen, mit Belastungen fertig zu werden. Die Hälfte der Säuglinge starb auch an Sonn- und Feiertagen.

All diese Forschungsergebnisse deuten auf Störungen zwischen den Eltern und zwischen Eltern und Kindern als Faktor in der Entwicklung von PKT hin. Die Existenz und die Wirkung dieser Störungen ist nicht immer offensichtlich, denn wir »sehen« uns ja öfters im Sinne von Wertvorstellungen, nicht aber unserer Wirklichkeit. Die gesellschaftlichen Werte, wie schon mehrfach betont, machen es schwierig, uns so zu sehen, wie wir wirklich sind. Eine psychoanalytische Untersuchung von Jochen Stork über den Plötzlichen Kindstod gibt einige Aufschlüsse über die tatsächliche Mutter-Kind-Beziehung in dieser Situation. Er untersuchte Eltern mit ähnlichen Verstrickungen, in der Regel ein halbes Jahr nach dem Tod des Kindes (1986).

Das Interview mit einer 41 Jahre alten Mutter stellte er ausführlich dar. Ihr Kind, ein Mädchen, starb mit elf Wochen. Das Interview fand acht Monate nach dem Tod statt. Nach einer zehnjährigen kinderlosen Ehe wurde Frau G. durch einen krebskranken, verheirateten Mann schwanger. Als sie erfuhr, daß sie schwanger war, verlor sie alle Gefühle für diesen Mann und hatte »wahnsinnige Angst«, daß das Kind durch seinen Krebs geschädigt sein würde. Nach der Geburt fühlte sie, endlich eine Lebensaufgabe, ein Lebensziel zu haben.

Nach dem Klinikaufenthalt, so schildert sie es im Interview, sei sie ganz zufrieden gewesen, »daß alles endlich so war, und ihr großes Glück habe ganz auf innerer Zufriedenheit beruht«. Sie sprach davon, wie zart, klein und niedlich ihre Tochter war. Sie verstand ihr Baby als ein Wesen, das nicht an ihrer Umgebung teilnehmen konnte. Sie meinte damit, daß ein Säugling in diesem Alter einfach ein Reflexwesen sei, das keine eigenständigen Wahrnehmungen habe. Wenn sie ihr Kind abends nach dem Füttern wegen dessen Schreien herumtrug, habe sie sich immer wieder gesagt: Lieber nicht anfangen sie zu verziehen, sonst wird sie ganz auf mich bezogen werden, genau so, wie ich es selbst auf meine Mutter war. Sie betonte, daß ihre Tochter eigentlich einen großen Lebenswillen hätte haben müssen, »weil ich so glücklich war«.

Stork schreibt darüber: »Wenn man zu Beginn die Haltung von Frau G. ihrem Baby gegenüber näher betrachtet, so fällt erst einmal die Widersprüchlichkeit auf: Zwischen der hohen Bedeutung einerseits, die dieses Kind für die Mutter hat, der Zuneigung, mit der sie sich ihm verbunden fühlt, der Gewißheit, mit der sie über die Liebe zu ihrem Kind spricht; und im Gegensatz dazu andererseits ihre Unfähigkeit, eine Beziehung zu dem Säugling aufzubauen, oder anders ausgedrückt, ihre Unfähigkeit, dem Kind zu ermöglichen, zu ihr eine mütterliche Beziehung zu entwickeln.« So glaubte sie, daß es »Quatsch« wäre zu berichten, daß ihr Baby versucht habe, sie anzuschauen, an ihrer Anwesenheit und Zuneigung Anteil zu nehmen und darauf zu antworten.

»Sie erblickte«, so Stork weiter, »in ihrem Baby ein Wesen, welches ihr endlich alles das bringt, was ihr so lange vorenthalten blieb.« Aber, »das Kind des Glücks trug von Anfang an ebenfalls Züge des Todes«. Trotz aller medizinischen Untersuchungen befürchtete sie, daß das Kind krebskrank sein könne oder daß anstelle des Kindes ein Krebs in ihrem Bauch wachse. Der Säugling wurde deswegen nach der Geburt in die Neonkologie gebracht, die es in der Klinik, in der sie das Kind zur Welt brachte, nicht gab. Erst als sie es in den Armen hielt, vier Tage nach dieser Untersuchung, war sie »so richtig glücklich«.

Zwei andere Mütter aus dieser Studie antworteten auf die Frage, warum gerade ein Kind, das die Mutter so glücklich macht, stirbt: »Das Kind sei gestorben, weil sie es zu sehr geliebt hätten.« Es läßt sich also vermuten, folgert Stork, daß der Ausdruck von übermäßiger Liebe an der Wirklichkeit des Kindes, an seiner Existenz und seinen Bedürfnissen vorbeiging.

Die Ablehnung des Kindes ist sehr versteckt. Die Haßgefühle dahinter haben nach Stork ihren Ursprung in der Beziehung der Mutter zu ihrer eigenen kalten und gefühlsarmen Mutter. Dieser Tatbestand jedoch wird verneint durch den Wunsch nach Wiedervereinigung mit dieser Mutter. Der Haß war deswegen Frau G. nicht zugänglich. Bewußt glaubte sie nur, ihre Mutter – wie auch ihr Kind – zu lieben. Hinter dieser Verkehrung von Haß in Liebe stand ein Vater, vor dem sie große Angst hatte.

Was so klar aus dieser Studie über eine »tödliche Verstrickung von Mutter und Kind« hervortritt, ist die Spaltung der Gefühle, die durch die Normen unserer Gesellschaft erzeugt wird, die keine negativen Gefühle einer Mutter duldet. Die Abspaltung der inneren Gefühlswelt bewirkt aber, daß in unseren Kulturen der Tod zum unbewußten Treibmittel der Beziehung zwischen vielen Eltern und ihren Kindern wird.

Natürlich ist dies ein unbewußter Vorgang, und wie im Fall von Frau G. bedeutet dies nicht, daß keine bewußten positiven Einstellungen und Hoffnungen für das Kind vorhanden wären. Es geht vielmehr darum, solchen abgespaltenen Gefühlen entgegenzuwirken.

›Der frühe Abschied‹ stellt einen möglichen Weg dar, auf dem solche unbewußten Beschäftigungen mit dem Tod psychosomatische Ursachen für den Plötzlichen Kindstod haben können und daß dieser in der Problematik des Überwechselns von REM- zu Nicht-REM-Schlaf eintritt. Es ist klar, daß PKT ein vielschichtiger Vorgang ist und deswegen viele Auslöser haben mag. Wenn aber die Spaltung von Gefühlen beteiligt ist, kann wenigstens dieser entgegengewirkt werden. Wie bei allen abgespaltenen Gefühlen ist diese Art von Verdrängung gesellschaftlich bestimmt. Die Isolation der Mutter in unserer Gesellschaft, wie auch ihre Abhängigkeit vom Mann, verstärken ihre negativen Selbstwertgefühle; daher auch die Abkapselung ihrer aggressiven Gefühle – die ja berechtigt sind, aber entsprechend der Normorientierung nicht zugelassen werden können.

Aus diesem Grund ist der Abbau der mütterlichen Isolation das primäre Mittel der Prophylaxe gegen den Plötzlichen Kindstod. Daß die Sheffield-Studie dies schon vor einigen Jahren als Mittel gegen diesen Tod belegte, ihn um 33 Prozent reduzierte, ohne daß dies aufgegriffen wurde (meines Wissens erwähnte es nur eine medizinische Zeitschrift, Medical Tribune vom 30. September 1983), ist in sich selbst bezeichnend für das Klima einer Wissenschaft, die dem männlichen Denken verpflichtet ist. Es geht letzten Endes darum, Frauen in ihrer Ebenbürtigkeit zu unterstützen. Da, wo Frauen und Männer auf dieser Basis miteinander umgehen, reduziert sich auch das Kindersterben (siehe ›Zeit‹ vom 25. September 1992).

Dieser Tod muß im Kontext unseres ganzen Lebens gesehen werden. Er kann weder abgetrennt davon verstanden, noch kann ihm ohne diesen Kontext entgegengewirkt werden.

Arno Gruen, Winter 1992/93

Anmerkungen

[1] Diese klinische Definition folgt Adelson und Kinney (1956).

[2] Die Abkürzung SID (Sudden Infant Death) wird im englischen Sprachraum für den Plötzlichen Kindstod gebraucht. Wir werden PKT gebrauchen.

[3] Der englische Begriff »arousal« ist in der deutschen medizinischen Wissenschaft gebräuchlich. Sofern er nicht mit »Aufwachen« übersetzt wurde, meint er den durch Stimulation bewirkten Übergang von der Ruhe in die Aktivität von Muskeln, Nerven und so weiter.

[4] Dies wird von Säuglingen berichtet, die 24 Stunden unterventilierten, nachdem ihre Mütter Methadon eingenommen hatten (Naeye 1980); bei Frühgeburten, die 40 Prozent Sauerstoff statt normaler Atemluft atmeten, dehnten sich die einzelnen apnoeischen Phasen aus (Miller und Mitarbeiter 1959).

[5] Boyesen scheint hier auf ein Verhalten zu reagieren, das Roffwarg und Mitarbeiter (1966) bei Säuglingen beschrieben haben: Gelegentlich haben sie beim REM-Schlaf die Augen offen, wobei man die hin- und herspringenden Augäpfel direkt sehen kann. Diese Autoren äußern sich auch zu dem ständigen Wechsel des Gesichtsausdruckes der Säuglinge, der auf differenzierten Gefühlen und Gedanken zu beruhen scheint, wie Erstaunen, Geringschätzung, Skepsis und mildes Amusement. Es ist aber gerade die Interaktion der Mutter mit diesen Gefühlsäußerungen des Kindes, die ihnen persönliche Bedeutung verleiht und damit die lebensstimulierende Bindung zwischen ihr und dem Kind schafft.

[6] Siehe Anmerkung 4.

[7] Der Kreislauf von neuralen Impulsen in einer Kette von Neuronen kann durch Impulse, die von außerhalb der Kette stammen, unterstützt werden. Lorento de No (1939) stellte die Behauptung auf, daß äußere Impulse eine unterschwellige Stimulierung auf Neuronen ausüben, so daß es für Impulse innerhalb der Kette möglich wird, im richtigen Moment der Sequenz zu »feuern«, was ohne den Stimulus von außen nicht geschehen würde. Der schädliche Effekt von Überreizung ist auf der anderen Seite das Ergebnis davon, daß ein Neuron in einer Kette nicht mehr auf Stimulation reagiert, weil es durch *wiederholte Aktivität* (meine Hervorhebung) eine hohe Reaktionsschwelle erworben hat. Ein solches Versagen bei der Vermittlung der zirkulierenden Impulse würde das Darniederliegen der Aktivität einer ganzen Gruppe von Zellen bedeuten (siehe Malmo 1959).

[8] Es ist von Bedeutung, daß frühe Forschungen der Gestalt-Psychologie (Zeigarnik 1927) wie auch neuere Arbeiten gezeigt haben, daß das Bedürfnis, eine unvollendete Aufgabe zu vollenden, für lange Zeit anhält und das spätere Verhalten prägt (Rosenzweig 1943; Gruen 1958).

[9] Frederick Sypher (1978) hat ebenfalls eine Zwei-Phasen-Theorie des Plötzlichen Kindstodes entwickelt. Er glaubt, daß in der frühen Stufe das unerfüllte Bedürfnis nach Liebe direkt zu Apnoe führt. Er setzt Apnoe mit uteriner Atmung gleich und diese mit mangelnder Anstrengung zu atmen und Resignation. Auf der zweiten Stufe ist seiner Ansicht nach das Bedürfnis nach Liebe ebenfalls noch

stark, doch besteht nun auch Furcht vor dieser Liebe, weil Leiden vermieden werden soll. Das führt zur Wut, und diese wiederum zu einer Panik, die nicht ausgedrückt werden kann, was schließlich zur Folge hat, daß der Säugling erstickt.

Literaturverzeichnis

Adelson, L./E. R. Kinney: Sudden and Unexpected Death in Infancy and Children. In: Pediatrics 17, 663, 1956

Airapetiants, E. S./K. M. Bykov: Physiological Experiments and the Psychology of the Subconscious. In: Phil. phenomenol. Research 5, 577, 1945

Amendt, G.: Das Leben unerwünschter Kinder. Frankfurt a. M. 1992

Aronson, E./S. Rosenbloom: Space Perception in Early Infancy. In: Science 172, 1161, 1971

Aserinsky, E./N. Kleitmann. In: Journal of Applied Physiology, 8. Januar 1955 (zitiert in Roffwarg u. a.)

Balarajan, R./V. S. Raleigh/B. Botting: Sudden Infant Death Syndrome and Postneonatal Mortality in Immigrants in England and Wales. In: British Medical Journal 298, 716, 1989

Becker, P. T./E. B. Thoman: Rapid Eye Movement Storms in Infants. In: Science 212, 1415, 1981

Benedetti, G.: Todeslandschaften der Seele. Göttingen 1983

Benjamin, E.: The Period of Resistance in Early Childhood. In: American Journal of Diseases of Children 63, 1019, 1942

Benjamin, J. D.: Further Comments on Some Developmental Aspects of Anxiety. In: H. S. Gaskill (Hrsg.): Counterpoint. New York 1963

Berger, R. J.: Experimental Modification of Dream Content by Meaningful Verbal Stimuli. In: British Journal of Psychiatry 109, 722, 1963

Bertini, M./M. Antonioli/D. Gambi: Intrauterin Mechanisms of Synchronization. In: Totus Homo 8, 73, 1978

Bettelheim, B.: Die Geburt des Selbst. München 1977 (englisch 1967)

Biermann, G. (Hrsg.): Handbuch der Kinderpsychotherapie. München 1992

Blechschmidt, E.: Wie beginnt das menschliche Leben. Stein am Rhein 1976

Boyesen, G.: Are We All Survivors of Cot Death? In: Journal of Biodynamic Psychology 2, 103, 1981

Boyesen, M. L.: The Infant & the Alpha. In: Journal of Biodynamic Psychology 2, 60, 1981

Burdach, K. F.: Die Physiologie als Erfahrungswissenschaft. Band 3. Leipzig 1830 (zitiert in J. Oswald u. a.)

Burns, B./L. P. Lipsitt: Behavioral Factors in Crib Death. In: Journal of Applied Developmental Psychology 12, 159, 1991

Bykov, K. M.: Großhirnrinde und innere Organe. Berlin 1953

Caldwell, W. E.: Conditioned Hyperventilation as a Factor in Animal, Infant and Adult Apnea. In: Genetic, Social and General Psychology Monographs, November 1985

Call, J.: Commentary on ›An Anthropological Perspective on the Sudden Infant Death Syndrome‹ by James J. McKenna. In: Medical Anthropology 10 (1), 56, 1986

Canestrini, S.: Über das Sinnesleben des Neugeborenen. Berlin 1913
Cannon, W.B.: »Voodoo«-Death. In: American Anthropologist 44, 1942
Carpenter, R.G./C.W. Shaddick: A Study of Cot Deaths in England and Wales in 1960. In: British Journal of Preventive Social Medicine 19, 1, 1965
Carpenter, R.G./A. Gardner/M. Jepson/E.N. Taylor/A. Salvin/R. Sutherland/J.L. Emery/E. Pursall/J. Roe: Prevention of Unexpected Infant Death (Sheffield Intervention Programme). In: Lancet 8327, 723, 1983
Condon, W.S./L.W. Sander: Neonate Movement is Synchronized with Adult Speech. In: Science 183, 99, 1974
Corso, J.F.: A Theoretico-Historical Review of the Threshold Concept. In: Psychological Bulletin 60, 356, 1963
Davis, D.P.: Cot Death in Hong Kong. In: Lancet, 14. Dezember 1985, 1346
DeCasper, A.J./W.P. Fifer: Of Human Bonding, Newborns Prefer their Mothers' Voices. In: Science 208, 1174, 1980
Dement, W.C.: Experimental Dream Studies. In: J. Masserman (Hrsg.): Science and Psychoanalysis. Band 7. New York 1964
Dement, W.C.: Perception During Sleep. In: P.H. Hoch/J. Zubin (Hrsg.): Psychopathology of Perception. New York 1965
Denenberg, V.H.: Critical Periods, Stimulation Input and Emotional Reactivity. In: Psychological Review 71, 335, 1964
Drotat, D./C. Mahone/J. Negray: Psychosocial Intervention with Families of Children who Fail to Thrive. In: Journal of Pediatrics 73, 1968
Duffy, E.: The Psychological Significance of the Concept of »Arousal« or »Activation«. In: Psychological Review 64, 265, 1957
Einspieler, C./J. Widder/A. Holzer/T. Kenner: The Predictive Value of Behavioural Risk Factors for Sudden Infant Death. In: Early Human Development 18, 101, 1988
Eisenberg, R.B.: Auditory Competence in Early Life. Baltimore 1976
Emde, R.N./R.J. Harmon/D. Metcalf/K.L. Koenig/S. Wagonfeld: Stress and Neonatal Sleep. In: Psychosomatic Medicine 33, 491, 1971
Emery, J.L.: Epidemiology of »Sudden, Unexpected or Rapid« Deaths in Children. In: British Medical Journal 2, 925, 1959
Ferenczi, S.: Stages in the Development of the Sense of Reality. In: Sex in Psychoanalysis. New York 1950
Field, T.M./R. Woodson/R. Greenberg/D. Cohen: Discrimination and Imitation of Facial Expressions by Neonates. In: Science 218, 179, 1982
Fontaine, G.: The Sudden Death of the Infant. In: Sem. Med. Prof. 38, 624, 1962
Fraiberg, S./E. Anderson/V. Shapiro: Ghosts in the Nursery. In: Journal of American Med. Child Psychiatry 14, 1975
Freeman, R.D./D.E. Mitchell/M. Millodot: A Neural Effect of Partial Visual Deprivation in Humans. In: Science 175, 1284, 1972
Freud, S.: Die Traumdeutung. Gesammelte Werke, Band 2/3. Frankfurt a.M. 1976
Gijsbers, K.J./R. Melzack: Oxygen Tension Changes Evoked in the Brain by Visual Stimulation. In: Science 156, 1392, 1967
Gil, D.G.: Physical Child Abuse in the United States. Cambridge/Mass. 1970
Grof, S.: Topographie des Unbewußten. Stuttgart 1978

Gruen, A.: A New Level of Aspiration Test and an Application of it. In: Journal of General Psychology 59, 73, 1958
Gruen, A.: Autonomy and Identification. In: International Journal of Psycho-Analysis 49, 648, 1968
Gruen, A.: The Oedipal Experience and the Development of the Self. In: Psychoanalytic Review 56, 265, 1969
Gruen, A.: The Discontinuity in the Ontogeny of Self. In: Psychoanalytic Review 61, 557, 1974/75
Gruen, A.: Autonomy and Compliance. In: Journal of Humanistic Psychology 16, 61, 1976
Gruen, A.: Maternal Rejection and Childrens' Intensity. In: Confinia Psychiatrica 23, 223, 1980
Gruen, A.: Der Verrat am Selbst. München 1984
Gruen, A.: Psychische Spaltung als mitwirkender Vorgang beim Plötzlichen Kindstod. In: Sozialpädiatrie 7, 12, 1985
Gruen, A./J. Prekop: Das Festhalten und die Problematik der Bindung im Autismus. In: Praxis der Kinderpsychologie und Kinderpsychiatrie 7, 248, 1986
Gruen, A.: The Relationship of Sudden Infant Death and Parental Unconscious Conflict. In: Pre- and Peri-Natal Psychology 2, 1, 1987
Gruen, A.: Der Wahnsinn der Normalität. München 1987
Gruen, A.: Warum Kinder resignieren. In: G. Biermann (Hrsg.): Handbuch der Kinderpsychotherapie. München 1992
Grunebaum, H. U./S. J. Freedman/M. Greenblut: Sensory Deprivation and Personality. In: American Journal of Psychiatry 116, 1960
Gunteroth, W. G.: Sudden Infant Death Syndrome (Crib Death). In: American Heart Journal 93, 784, 1977
Harper, R. M./B. Leake/H. Hoffman/D. O. Walter/T. Hoppenbrouwers/J. Hodgman/M. B. Sterman: Periodicity of Sleep States is Altered in Infants at Risk for the Sudden Infant Death Syndrome. In: Science 213, 1030, 1981
Hebb, D. C.: Drives and the C. N. S. (Conceptual Nervous System). In: Psychological Review 62, 243, 1955
Heimann, H.: Psychophysiologie endogener Psychosen. In: Schweizer Archiv Neurologie, Neurochirurgie und Psychiatrie 125, 231, 1979
Herman, J. H./H. P. Roffwarg: Modifying Ooculomotor Activity in Awake Subjects Increases the Amplitude of Eye Movements During REM Sleep. In: Science 220, 1074, 1983
Heron, W./W. H. Bertram/D. O. Hebb: Cognitive Effects of a Decreased Variation in the Sensory Environment. In: American Psychologist 18, 1953
Holst, E. von/H. Mittelstaedt: Das Reafferenzprinzip. In: Naturwissenschaften 37, 464, 1950
James, W.: Principles of Psychology. New York 1905
Jannberg, J.: Ich bin ich. München 1980
Jasper, H. H.: Diffuse Projection Systems. In: EEG Clinical Neurophysiology 1, 405, 1949
Jasper, H. H.: Functional Properties of the Thalamic Reticular System. In: E. D. Adrian/H. H. Jasper (Hrsg.): Brain Mechanisms and Consciousness. Springfield 1954

Jouvet, M.: Recherches sur les structures nerveuses et les mecanismes reponsables des differentes phases du sommeil physiologique. In: Archives of Italian Biology 100, 125, 1962
Keller, E.F.: A Feeling for the Organism. New York 1983
Keller, E.F.: Liebe, Macht und Erkenntnis. München 1986
Kempe, C.H./R. Helfer: Helping the Battered Child and his Family. In: Child Abuse und Neglect. New York 1972
Kileny, P./N. Finer/P. Sussman/D. Schopflocher/E. Canon: Auditory Brainstem Responses in Sudden Infant Death Syndrome. In: Journal of Pediatrics 101, 2, 1982
Klaus, M.H./J.H. Kennell: Parent-to-Infant Attachment. In: Maternal Infant Bonding. St. Louis 1976
Klaus, M.H./J.H. Kennell/N. Plumb/S. Zuehlke: Human Maternal Behavior at First Contact with her Young. In: Pediatrics 46, 187, 1970
Knowelden, J./J. Keeling/J.P. Nicholi: Post Neonatal Mortality. London 1985
Konner, M.J./C.M. Super: Sudden Infant Death Syndrome. In: C.M. Super/S. Harkness (Hrsg.): The Role of Culture in Developmental Disorder. New York 1987
Kuo, Z.Q.: Ontogeny of Embryonic Behavior in Aves. In: Journal of Experimental Zoology 64, 1932
Liedloff, J.: Auf der Suche nach dem verlorenen Glück. München 1980
Lilli, J.C.: Mental Effects of Reduction of Ordinary Levels of Physical Stimuli on Intact, Healthy Persons. In: Psychiatric Research, Reports 5, 1956
Lorento de No, R.: Transmission of Impulses through Cranial Motor Nuclei. In: Journal of Neurophysiology 2, 402, 1939
Lorenzer, A.: Sprachspiel und Interaktionsformen. Frankfurt a.M. 1977
Main, M.B.: Analysis of a Peculiar Form of Reunion Behavior Seen in Some Day-Care Children. In: R. Wenn (Hrsg.): Social Development in Childhood. Baltimore 1977
Malmo, R.B.: Activation. In: Psychological Review 66, 367, 1959
Mandell, F.: Cot Death among Children of Nurses. In: Archives of Diseases of Children 56, 3133, 1981
McCulloch, K./R.T. Brouillette/A.J. Guzzetta/C.E. Hunt: Arousal Responses in Near-Miss Sudden Infant Death Syndrome and in Normal Infants. In: Journal of Pediatrics 101, 6, 1982
McKenna, J.J.: Evolution and Sudden Infant Death Syndrome. In: Human Nature 1/2, 145, 1990 (a); 1/2, 179, 1990 (b); 1/3, 291, 1990 (c)
Medical Tribune, 30. September 1983: Wie man den Plötzlichen Kindstod verhindern kann
Miller, H.C./F.C. Behrle/N.W. Smull: Severe Apnea and Irregular Respiratory Rhythms among Premature Infants. In: Pediatrics 23, 676, 1959
Molz, G./B. Burri: Aberrant Subclavian Artery (Arteria lusoria). In: Virchows Arch. Path. Anat. and Histol. 380, 303, 1978
Molz, G./H.P. Hartmann: Dysmorphism, Dysplasia and Anomaly in Sudden Infant Death. In: New England Journal of Medicine 311, 259, 1983
Molz, G./H.P. Hartmann: Plötzlicher Säuglingstod. In: Helvetica paediatrica Acta 39, 395, 1984

Molz, G./H.P. Hartmann/L. Michels: Plötzlicher Kindstod. In: Pathologe 6, 8, 1985
Molz, G./O. Sonnabend/W. Sonnabend/U. Krech/T. Sigrist: Continuous Microbiological and Pathological Study of 70 Sudden and Unexpected Infant Deaths. In: Lancet 8423, 237, 1985
Montagu, A.: The Sensory Influences of the Skin. In: Texas Rep. of Biology and Medicine 11, 291, 1953
Montagu, A.: Körperkontakt. Stuttgart 1982
Montagu, A.: Persönliche Mitteilung 1986
Naeye, R.L.: Pulmonary Arterial Abnormalities in the Sudden Infant Death Syndrome. In: New England Journal of Medicine 289, 1167, 1973
Naeye, R.L.: Evidences of Antecedent Chronic Hypoxia and Hypoxemia. In: R.R. Robinson (Hrsg.): Proceedings of the Francis E. Camp. International Symposium on Sudden and Unexpected Death in Infancy. The Canadian Foundation for the Study of Infant Death. Toronto 1974
Naeye, R.L./J. Messmer/T. Specht/F. Merritt: Sudden Infant Death Syndrome Temperament before Death. In: Journal of Pediatrics 88, 511, 1976
Naeye, R.L.: Sudden Infant Death. In: Scientific American 242, 52, 1980
Nissen, H.W./K.L. Chow/J. Semmes: Effects of Restricted Opportunity for Tactual, Kinesthetic and Manipulative Experience on the Behavior of a Chimpanzee. In: American Journal of Psychology 64, 485, 1951
Norvenius, S.G.: Sudden Infant Death Syndrome in Sweden in 1973–1977 and 1979. In: Acta Paediatrica Scandinavica, Supplement 333, 1987
Orlowski, J.P./R.H. Nodar/D. Lonsdale: Abnormal Brainstem Auditory-Evoked Potentials in Infants with Threatened Sudden Infant Death Syndrome. In: Cleve Clinic Quarterly 46, 77, 1979
Oswald, J./A.M. Taylor/M. Treisman: Discriminative Responses to Stimulation During Human Sleep. In: Brain 83, 440, 1960
Portmann, A.: Biologische Fragmente. Basel 1944
Prekop, J.: Frühkindlicher Autismus. In: Öffentliches Gesundheitswesen 44, 83, 1982
Richter, C.P.: The Phenomenon of Unexplained Sudden Death in Animals and Man. In: H. Feifel (Hrsg.): The Meaning of Death. New York 1965
Riley, E./S. Barron: Studies Support Learning in Utero. In: APA Monitor, Oktober 1984
Robson, K.: The Role of Eye-to-Eye Contact in Maternal Infant Attachment. In: Journal of Child Psychology and Psychiatry 8, 13, 1967
Roffwarg, H.P./J.N. Muzio/W.C. Dement: Ontogenetic Development of the Human Sleep-Dream Cycle. In: Science 152, 604, 1966
Rosenzweig, S.: An Experimental Study of »Repression« with Special Reference to Need-Persistive and Ego-Defensive Reactions to Frustration. In: Journal of Experimental Psychology 32, 64, 1943
Samuels, I.: Reticular Mechanisms and Behavior. In: Psychological Bulletin 56, 1, 1959
Schmidt, C.: Soziale und psychologische Belastungen bei plötzlichem Kindstod. In: Sozialpädiatrie 6, 527, 1984

Shaheen, E./D. Alexander/M. Truskowsky/G. J. Barbero: Failure to Thrive. In: Clinical Pediatrics 7, 255, 1968
Shaw, E. B.: Sudden Unexpected Death in Infancy Syndrome. In: American Journal of Disease of Children 116, 115, 1968
Smotherton, W.: Studies Support Learning in Utero. In: APA Monitor, Oktober 1984
Stechler, G./S. Bradford/H. Levy: Attention in the Newborn. In: Science 151, 1246, 1966
Steinschneider, A.: Prolonged Apnea and the Sudden Infant Death Syndrome. In: Pediatrics 50, 646, 1972
Stern, D.: Mother and Infant at Play. In: M. Lewis/L. Rosenblum (Hrsg.): The Origins of Behavior. New York 1973
Stork, J.: Tödliche Verstrickung von Mutter und Kind? In: J. Stork (Hrsg.): Zur Psychologie und Psychopathologie des Säuglings. Stuttgart 1986
Sypher, F.: Crib Death. In: Energy and Character 9, 43, 1978
Thomas, A./S. Chess/H. G. Birch: Temperament and Behavior Disorders in Children. New York 1968
Tinbergen, N.: Ethology and Stress Diseases. In: Science 185, 20, 1974
Tomatis, A. A.: Der Klang des Lebens. Reinbek 1987
Ullman, M.: The Dream Process. In: Psychotherapy 1, 30, 1955
Valdes-Dapena, M. A.: Sudden and Unexpected Death in Infancy. In: Pediatrics 39, 123, 1967
Valdes-Dapena, M. A.: Sudden Infant Death Syndrome. In: U.S. Department of Health, Education and Welfare Publication 80, 5255, 1980
Victor G.: The Riddle of Autism. Lexington 1983
Visintainer, M. A./J. R. Volpicelli/M. E. D. Seligman: Tumor Rejection in Rats after Inescapable or Escapable Shock. In: Science 216, 1982
Vuorenkoski, V./O. Wasz-Höckert/E. Koivisto/J. Lind: The Effect of Cry-Stimulus on the Temperature of the Lactating Breast of Primipara. In: Experientia 25, 1286, 1969
Wallace, P.: Complex Environments. In: Science 185, 1035, 1974
Welch, M. G.: Heilung vom Autismus durch die Mutter-und-Kind-Haltetherapie. In: N. Tinbergen (Hrsg.): Autismus bei Kindern. Berlin 1984 (a)
Welch, M. G.: Further Implications of the Welch Method. Unveröffentlichtes Manuskript 1984 (b)
Welch, M. G.: Die haltende Umarmung. München 1991
Wenar, C.: The Reliability of Developmental Histories. In: Psychosomatic Medicine 25, 505, 1963
Willinger, M.: SIDS a Challenge. In: Journal of NIH Research 1, 73, 1989
Wolff, P. H.: Observations on Newborn Infants. In: Psychosomatic Medicine 21, 110, 1959
Zeigarnik, B.: Über das Behalten von erledigten und unerledigten Handlungen. In: Psychologische Forschung 9, 1, 1927
Zimmer, K.: Gute Bindungen machen selbständig. In: Die Zeit, 25. September 1992 (Bericht über die Trobriand-Insel-Studie des Max-Planck-Instituts, Andechs)

Namenregister

KÖSEL **Hannah Lothrop**

Gute Hoffnung – jähes Ende

Ein Begleitbuch für Eltern,
die ihr Baby verlieren, und alle,
die sie unterstützen wollen
2. Auflage. 280 Seiten. Kartoniert.

Schätzungsweise jede vierte Schwangerschaft endet mit einer Fehlgeburt, fast jedes 100. Baby wird tot geboren oder überlebt die ersten Tage nicht. Hinter diesen trockenen statistischen Werten stehen Eltern, die diese traumatische Erfahrung oft in die Isolation treibt, sie fühlen sich hilflos und alleingelassen.

Dieses einfühlsame Begleitbuch will Eltern durch die Trauerarbeit nach dem Verlust eines Babys begleiten. Es enthält Informationen, praktische Hilfen und Übungen sowie Anregungen, auch für Fachleute, wie man Eltern in dieser Situation unterstützen kann. Viele persönlichen Berichte vermitteln Betroffenen das Gefühl, daß Heilung und Trost möglich sind.

Kösel-Verlag • München

Arno Gruen im dtv

Der Verrat am Selbst
Die Angst vor Autonomie bei Mann und Frau

Heute aktueller denn je: der Begriff der Autonomie, der nicht Stärke und Überlegenheit meint, sondern die volle Übereinstimmung des Menschen mit seinen eigenen Gefühlen und Bedürfnissen. Wo sie nicht vorliegt – eher die Regel als die Ausnahme –, entstehen Abhängigkeit und Unterwerfung, Macht und Herrschaft. Ein Buch, das eine Grunddimension mitmenschlichen Daseins erfaßt.
dtv 35000

Der Wahnsinn der Normalität
Realismus als Krankheit: eine grundlegende Theorie zur menschlichen Destruktivität

Arno Gruen legt die Wurzeln der Destruktivität frei, die sich viel öfter, als uns klar ist, hinter vermeintlicher Menschenfreundlichkeit oder »vernünftigem« Handeln verbergen. Er überzeugt durch die Vielzahl der Beispiele und schafft die Beweislage, daß dort, wo Innen- und Außenwelt auseinanderfallen, Verantwortung und Menschlichkeit ausbleiben.
dtv 35002

Falsche Götter
Über Liebe, Haß und die Schwierigkeit des Friedens

»Ich meine nicht, daß man mit Politikern psychoanalytisch reden soll. Ich meine, daß man jemandem, der lügt, sagen soll, daß er lügt. Solange wir glauben, daß wir die Liebe dieser Leute benötigen, um erlöst zu werden, sind wir verloren. Wenn wir wieder lernen, andere Menschen auf eine natürliche Art empathisch wahrzunehmen, kann uns niemand mehr an der Nase herumführen.«
dtv 35059 (Januar 1993)

Dorothee Lehmann:
Dagmar
Der gemeinsame Weg
einer Mutter und ihres
mongoloiden Kindes zu
Reife und Lebensfreude
dtv 11372

Doris Lund:
Eric
Der wunderbare Funke
Leben
dtv 11259

Jacques Lusseyran:
Das wiedergefundene
Licht
Die Lebensgeschichte
eines Blinden im
französischen Widerstand
dtv/Klett-Cotta
dtv 30009

Das Leben beginnt heute
Erinnerungen und
Begegnungen
dtv/Klett-Cotta
dtv 11311

Christopher Nolan:
Unter dem Auge der Uhr
Ein autobiographischer
Bericht
dtv 30314

Claus Stephani:
Niemandmensch
Bericht einer
Gedemütigten
Originalausgabe
dtv 30324

Anneliese Ude:
Betty
Protokoll einer
Kinderpsychotherapie
dtv 30034

Anneliese Ude-Pestel:
Ahmet
Geschichte einer Kinder-
therapie
dtv 10070

Dietmar Zöller:
Wenn ich mit euch reden
könnte …
Ein autistischer Junge
beschreibt sein Leben
dtv 30018

Jean Améry im dtv

Unmeisterliche Wanderjahre
Aufsätze

Unbestechlich im Urteil und voll aphoristischer Schärfe fragt Améry nach den geistigen Bedingungen des Menschseins in unserer Zeit. Ein nach wie vor aktueller Beitrag zur gegenwärtigen Diskussion über das Phänomen »Zeitgeist«. dtv 11162

Widersprüche

Dieser Band vereinigt Aufsätze aus den Jahren 1967 bis 1971, in denen Jean Améry Stellung nimmt zu philosophischen Fragen, zu politischen und gesellschaftspolitischen Ereignissen sowie zum Judentum. »Ein solcher Autor läßt sich nicht festlegen, er hat die Widersprüche des Zeitgeistes akzeptiert, er hat sie wieder und wieder reflektiert, und es fehlt ihm die Arroganz, uns mitzuteilen, er habe sie bewältigt.« (Ivo Frenzel in der ›Süddeutschen Zeitung‹) dtv 11322

Über das Altern
Revolte und Resignation

Améry läßt sich nicht ein auf Harmonisierung oder Verklärung. Er beschreibt das Altern als einen fortschreitenden Prozeß der Entfremdung von den Zeitgenossen, von der Welt und von sich selbst. Was bleibt, ist Revolte und Resignation, Kampf also, trotz der Einsicht, das man unterliegen wird. dtv 11470

Charles Bovary, Landarzt
Porträt eines einfachen Mannes

War Charles Bovary wirklich nur ein dummer und gutherziger Thor, voller Unverständnis für seine romantische Frau, wie ihn sein Autor Flaubert dargestellt hat? In einer Art Wiederaufnahmeverfahren rehabilitiert Améry den betrogenen Ehemann, verhilft ihm zu seinem Recht auf Zorn und Leiden und gibt ihm die Würde, die ihm Flaubert vorenthalten hat. dtv 30338

Herbert Rosendorfer im dtv

Das Zwergenschloß
und sieben andere Erzählungen
dtv 10310

Vorstadt-Miniaturen

Hintergründig-groteske Alltagsszenen. dtv 10354

Briefe in die chinesische Vergangenheit

Ein chinesischer Mandarin aus dem 10. Jahrhundert gelangt mittels einer Zeitmaschine in das heutige München.
dtv 10541 / dtv großdruck 25044

Stephanie
und das vorige Leben

Eine fesselnde Geschichte auf dem schmalen Grat zwischen Traum und Wirklichkeit. dtv 10895

Königlich bayerisches Sportbrevier

Rosendorfer beschreibt alle bayerischen Sportarten wie Fensterln, Maibaumkraxeln, Fingerhakeln, Maßkrugstemmen ... dtv 10954

Die Frau seines Lebens
und andere Geschichten · dtv 10987

Ball bei Thod · Erzählungen

Der makabren Titelgeschichte folgen noch 37 weitere. dtv 11077

Vier Jahreszeiten im Yrwental
Vier Berichte

Vier Kinder erleben die Ereignisse zwischen Untergang des Hitlerreiches und Aufstieg der Demokratie mit, an die sie sich vierzig Jahre später erinnern.
dtv 11145

Foto: Isolde Ohlbaum

Eichkatzelried
Geschichten aus Kindheit und Jugend · dtv 11247

Das Messingherz
oder Die kurzen Beine der Wahrheit

Albin Kessel, Autor durchschnittlich-populärer Bücher wie »Die Friesen«, »Die Diabetiker« usw. wird eines Tages vom Bundesnachrichtendienst angeworben ... Ein hintersinniger, heimtückischer Behördenroman. dtv 11292

Bayreuth für Anfänger

Ein liebenswert-frecher Führer durch die Festspielstadt. dtv 11386

Der Ruinenbaumeister

»Wer in einen Zug steigt, in dem sechshundert Nonnen eine Wallfahrt nach Lourdes antreten, ist froh, ein Abteil für sich allein zu finden.« ... auch wenn er darin plötzlich lauter groteske, komische, märchenhafte, erotische und turbulent-dramatische Abenteuer erlebt. dtv 11391

Der zweibändige dtv-Atlas zur Psychologie bringt eine geordnete Übersicht über die Vielfalt der Erscheinungen dieses Gebiets und die Methoden ihrer Untersuchung. Das bewährte dtv-Atlas-System, die Einheiten aus ausführlichen Textseiten und dazugehörigen Farbtafeln, erweist sich auch bei der Psychologie als hilfreich und für die Abbildung menschlicher Verhaltensweisen als besonders geeignet.

Aus dem Inhalt des ersten Bandes:

Terminologie (Glossar psychologischer Fachwörter), Theoriegeschichte, Methodik, Statistik, Neuro-, Wahrnehmungs-, Gedächtnis-, Lern-, Aktivations-, Kognitions-, Kommunikations- und Emotionspsychologie. Register.
dtv 3224

Aus dem Inhalt des zweiten Bandes:

Persönlichkeitspsychologie, Entwicklungs-, Sozial-, Massen-, Umwelt-, Tierpsychologie, Psychodiagnostik, Klinische, Angewandte und Kulturpsychologie. Begriffsverzeichnis. Bibliographie. Register für beide Bände.
dtv 3225

Aus dem Nachdenken und Spekulieren über die Natur des beseelten Menschen ist heute die wissenschaftliche Psychologie mit ihrer naturwissenschaftlich geprägten Methodik geworden. Die vielen Schulen und Zweige der Psychologie haben zu einer differenzierten psychologischen Fachsprache geführt, deren wichtigste Begriffe in diesem Wörterbuch erläutert werden.

Über 2200 Stichwörter, mit Literaturangaben. Englisch-deutsches Verweisregister, ausführliche Bibliographie sowie eine Einführung in Geschichte, Gegenstandsbereiche und Studienaufbau der Psychologie.
dtv 3285